Saraswati Raju Iyer
Sowjanya Samuel Pulidindi

Justiça de género - Das mulheres, para as mulheres, pelas mulheres

Saraswati Raju Iyer
Sowjanya Samuel Pulidindi

Justiça de género - Das mulheres, para as mulheres, pelas mulheres

ScienciaScripts

Imprint

Any brand names and product names mentioned in this book are subject to trademark, brand or patent protection and are trademarks or registered trademarks of their respective holders. The use of brand names, product names, common names, trade names, product descriptions etc. even without a particular marking in this work is in no way to be construed to mean that such names may be regarded as unrestricted in respect of trademark and brand protection legislation and could thus be used by anyone.

Cover image: www.ingimage.com

This book is a translation from the original published under ISBN 978-3-659-69631-2.

Publisher:
Sciencia Scripts
is a trademark of
Dodo Books Indian Ocean Ltd. and OmniScriptum S.R.L publishing group

120 High Road, East Finchley, London, N2 9ED, United Kingdom
Str. Armeneasca 28/1, office 1, Chisinau MD-2012, Republic of Moldova, Europe
Printed at: see last page
ISBN: 978-620-7-97288-3

ÍNDICE DE CONTEÚDOS:

Prefácio

As desigualdades entre homens e mulheres em todo o mundo contam-se entre as formas mais generalizadas de desigualdade. A igualdade entre os sexos diz respeito a todos e a cada um dos membros da sociedade e constitui a própria base de uma sociedade justa, pelo que a questão da *"justiça entre os sexos"* é de uma enorme magnitude e de uma ramificação gigantesca que envolve e abarca toda a tela ilimitada. Na meia-noite de 15 de agosto de 1947, quando a Índia acordou para a *"vida e a liberdade"*, a maior parte dos seus 170 milhões de mulheres mal sabia do que se tratava o *"Encontro com o Destino"*. Vítimas da pobreza, da ignorância e de instituições sociais opressivas, mal sabiam o seu destino e quem o controlava.

Conscientes da necessidade da época, os autores e fundadores da nossa *"compassiva"* Constituição incorporaram certos ideais sacrossantos sob a forma de direitos abrangentes para as mulheres, de modo a metamorfosear os ideais abstractos numa forma concreta que permitisse a elevação do estatuto das mulheres na sociedade chauvinista dominada pelos homens.

Apesar da regressão dos valores sociais e morais, existe ainda um raio de esperança no meio da escuridão que rodeia a realização dos direitos das mulheres. O poder judicial indiano desempenhou repetidamente um papel pró-ativo ao interpretar positivamente as várias disposições constitucionais relativas às mulheres, ao defender a validade de várias legislações e ao estabelecer orientações exaustivas para concretizar o conceito de *"igualdade entre homens e mulheres"* e de *"igualdade de género"*. O Supremo Tribunal do nosso país observou que a democracia, o desenvolvimento e o respeito pelos direitos e liberdades fundamentais das mulheres são interdependentes e têm um reforço mortal. Todas as formas de discriminação com base no género violam as liberdades fundamentais ou os direitos humanos. Deste modo, o poder judicial estabeleceu, nas suas várias decisões, orientações abrangentes para a concretização do conceito de *"justiça entre os sexos"* e de *"igualdade entre os sexos"*.
Swami Vivekanand observou corretamente: *"Tal como um pássaro não pode voar com uma só asa, uma nação não avançará se as mulheres forem deixadas para trás"*.

CAPÍTULO 1

1. Introdução

As mulheres constituem quase metade da população mundial. No entanto, a ideologia masculina hegemónica fez com que sofressem muito, uma vez que lhes era vedada a igualdade de oportunidades em diferentes partes do mundo. A ascensão das ideias feministas conduziu, no entanto, a um enorme reforço da condição das mulheres em todo o mundo nos tempos actuais.

Embora as mulheres representem cinquenta por cento da população mundial, efectuam quase dois terços das horas de trabalho, recebem apenas um décimo do rendimento mundial e menos de um por cento da propriedade mundial. Assim, há graves desigualdades entre as nações e há também graves desigualdades no interior das nações e, em todo o lado, as mulheres não têm posição e poder e estão sobre-representadas entre os pobres. Não consigo resistir à tentação de mencionar os versos mais marcantes e relevantes de um poema nesta fase:

"Eu sou a mulher que sustenta o céu.

O arco-íris corre-me nos olhos.

O sol faz um caminho até ao meu ventre.

Os meus pensamentos têm a forma de nuvens.

Mas as minhas palavras ainda estão para vir".

As relações entre homens e mulheres devem ser avaliadas no contexto da participação e da partilha do importante processo de tomada de decisão que está na origem das desigualdades acima referidas. Tal medida ajudaria a identificar os diferentes graus de desigualdade em termos de idade, níveis de rendimento e localização geográfica. Para os governos e os cidadãos interessados que procuram corrigir estas desigualdades, os índices são um meio de determinar as questões em que se devem concentrar e de fornecer informações sobre a eficácia das suas acções. Por conseguinte, é evidente que a exatidão de qualquer medida da desigualdade entre homens e mulheres deve ser rigorosamente avaliada.

O homem e a mulher são duas metades da humanidade. Nenhuma delas pode atingir a sua máxima excelência criativa sem a cooperação da outra. Ao longo dos tempos, colocámos a mulher num pedestal de "mãe da humanidade". Paradoxalmente, foram-lhe infligidas as mais horrendas crueldades, muitas vezes sem razão e, na maior parte dos casos, sem causa justa. Apesar de termos entrado no novo milénio, o estatuto das mulheres não melhorou, principalmente devido à tendência e aos preconceitos tradicionais em relação a este sector da sociedade, que permaneceu, sem culpa sua, discriminado durante todos estes anos. A discriminação resulta não tanto da insuficiência legislativa, mas do preconceito atitudinal da sociedade. A legislação contemporânea, as leis, os tratados e as convenções estabeleceram inequivocamente a igualdade de direitos entre homens e mulheres como uma norma global. Apesar de tudo isto, a discriminação continua.

É uma dura realidade que as mulheres têm sido maltratadas em todas as sociedades desde há muito tempo e a Índia não é exceção. A ironia reside no facto de, no nosso país, onde as mulheres são veneradas como *Shakti,* as atrocidades serem cometidas contra elas em todas as esferas da vida. Não só lhe é roubada a dignidade e o orgulho fora de casa, como também enfrenta maus-tratos e outras atrocidades dentro das quatro paredes da sua casa. As mulheres são discriminadas a dois níveis: em primeiro lugar, sofrem por causa do seu género e, em segundo lugar, devido à pobreza extrema. As desigualdades sociais e económicas também contribuem em grande medida para a contínua negação dos direitos humanos às mulheres em geral e às mais desfavorecidas e pobres de entre elas em particular. Na maioria dos casos, a igualdade dos géneros resume-se a um mito.

As mulheres estão privadas de recursos económicos e dependem dos homens para viver. Nos tempos modernos, muitas mulheres estão a começar a trabalhar, mas têm de assumir uma dupla responsabilidade. Em primeiro lugar, a mulher tem de trabalhar no local onde está empregada e, em segundo lugar, tem também de efetuar todas as tarefas domésticas. O seu estatuto geral na família e na sociedade tem sido baixo e não reconhecido.

Desde o berço até ao túmulo, as mulheres são vítimas de numerosos actos perversos como a discriminação, a opressão, a violência, no seio da família, nos locais de trabalho e na sociedade. As causas profundas de todas as práticas maléficas enfrentadas pelas mulheres são: (1) a iliteracia, (2) a dependência económica, (3) as restrições de casta, (4) a proibição religiosa, (5) a falta de qualidades de liderança e (6) a atitude apática e insensível dos homens na sociedade.

A justiça de género não é um fenómeno recente, pois os crimes contra as mulheres são cometidos desde a antiguidade. Qualquer costume tradicional que coloque as mulheres em posições subordinadas na sociedade ou na família pode tornar-se violento. Ao longo dos anos da primeira metade do século XX, a luta continuou e as mulheres cunharam a frase "Bread & Roses" (Pão e Rosas) a partir do poema homónimo de James Oppenham. A referência a "Pão" é a libertação da fome e a "Rosa" é a satisfação das vontades ou desejos.

Se alguém quiser saber até que ponto uma sociedade ou nação em particular é desenvolvida ou moderna, deve tentar olhar para o estatuto das mulheres nessa sociedade ou nação em particular, pois o seu estatuto é o único reflexo verdadeiro da cultura e civilização de um país.

"As mulheres indianas têm sofrido e sofrem discriminação em silêncio. O auto-sacrifício e a auto-negação são a nobreza e a fortaleza e, no entanto, têm sido sujeitas a todas as desigualdades, indignidades, desigualdade e discriminação".

Apesar desta regressão nos valores sociais e morais, existe ainda um raio de esperança no meio da escuridão que rodeia a realização dos direitos das mulheres. O poder judicial indiano desempenhou repetidamente um papel pró-ativo através da sua interpretação positiva das várias disposições constitucionais relativas às mulheres, defendendo a validade de várias legislações e estabelecendo orientações exaustivas para a concretização do conceito de "justiça de género" e de igualdade de género.

CAPÍTULO 2

2. Conceito de justiça de género

A equidade de género é frequentemente utilizada com referência a projectos emancipatórios que promovem os direitos das mulheres através de alterações legais e os interesses das mulheres na política social e económica. Qualquer definição concreta de equidade de género baseia-se numa ideologia política específica, num conjunto de convicções sobre o que é "correto" e "bom" nas relações humanas e sobre a forma como estes resultados desejáveis podem ser alcançados.

"A justiça de género é mais do que simplesmente questionar a relação entre homens e mulheres. Implica a elaboração de estratégias de ação corretiva com vista a transformar a sociedade no seu conjunto para a tornar mais justa e igualitária e significa "um lugar onde as mulheres e os homens podem ser tratados como seres humanos plenos". Além disso, implica passar de relações arbitrárias para relações sociais bem fundamentadas, justificáveis e equilibradas, ou seja, justas".

A equidade de género consiste em corrigir as desigualdades entre mulheres e homens que resultam na subordinação das mulheres aos homens. Ver a equidade de género como resultado e como processo ajuda a diferenciar entre o que deve ser alcançado e como deve ser alcançado. Enquanto processo contínuo, a equidade de género traz um elemento essencial adicional: a prestação de contas, que implica a responsabilidade e a capacidade de resposta precisamente das instituições sociais criadas para conceder justiça.

A "justiça de género" é o fim e a reparação das desigualdades entre mulheres e homens que resultam na subordinação das mulheres aos homens.

Aqueles que vêem as relações desiguais de género como centrais parecem assumir uma posição explicitamente política que define a justiça de género como sendo a superação da subordinação das mulheres.

Raramente é dada uma definição precisa ao termo, que é muitas vezes utilizado indistintamente com as noções de igualdade de género, equidade de género, empoderamento das mulheres e direitos das mulheres. Por conseguinte, não é surpreendente que os conceitos de equidade de género que visam reforçar a autonomia ou os direitos das mulheres em relação aos homens sejam controversos e suscitem um intenso debate

Justiça de género Os discursos contemporâneos sobre a justiça de género têm muitos pontos de partida diferentes: discussões filosóficas sobre a agência humana, a autonomia, os direitos e as capacidades; discussões políticas que envolvem a democratização e a cidadania; e discussões no domínio do direito sobre a reforma judicial e questões práticas de acesso à justiça. Nestes debates, encontramos os mesmos dilemas não resolvidos: podem ser estabelecidos padrões absolutos e universais para determinar o que é correto ou bom nas relações sociais humanas? Como é que os

6

direitos do indivíduo devem ser contrabalançados com as necessidades da família, da comunidade, da "nação" étnica ou do Estado territorial? (ver Eisenberg/Spinner Halev 2005). Qual é o papel adequado do Estado e da comunidade internacional na promoção da equidade de género?

A justiça de género é frequentemente utilizada com referência a projectos emancipatórios que promovem os direitos das mulheres através de alterações legais e os interesses das mulheres na política social e económica. No entanto, o termo raramente recebe uma definição exacta e é muitas vezes utilizado indistintamente com as noções de igualdade de género, equidade de género, capacitação das mulheres e direitos das mulheres, o que dificulta a sua definição. Qualquer definição concreta de equidade de género baseia-se numa ideologia política específica, num conjunto de convicções sobre o que é "correto" e "bom" nas relações humanas e na forma como estes resultados desejáveis podem ser alcançados. As convenções sobre a subordinação das mulheres aos homens e à família estão frequentemente enraizadas em pressupostos sobre o que é "natural" nas relações humanas. Estas perspectivas sobre a subordinação legítima das mulheres são legitimadas por pontos de vista social e legalmente enraizados sobre a propriedade. Por conseguinte, não é surpreendente que os conceitos de equidade de género que procuram reforçar a autonomia ou os direitos das mulheres sejam controversos e provoquem fortes debates.

Mas esta não é a única razão pela qual são controversos. Os diferentes entendimentos dos meios para alcançar a equidade de género também impõem papéis e expectativas concorrentes aos actores nacionais e internacionais. Assim, por um lado, está implícito um papel mínimo para o Estado como garante das liberdades básicas, enquanto que, por outro lado, há espaço para um papel intervencionista dos Estados e do sistema internacional, de modo a compensar as injustiças do passado e a proporcionar benefícios concretos de bem-estar às pessoas que sofrem de escassez baseada no género. Estas diferentes interpretações do papel dos governos e do sector público, e das expectativas legítimas dos membros das comunidades "imaginadas" nacionais ou das comunidades "virtuais" internacionais, produzem qualidades de cidadania muito diferentes. Consequentemente, os termos e as condições de pertença às comunidades nacionais, os direitos e as obrigações dos cidadãos, tornam-se parte do debate sobre o significado da equidade de género (ver Yuval-Davis 1997).

Anne Marie Goetz (2007) defende que o termo "equidade de género" é cada vez mais utilizado por activistas e académicos devido à preocupação crescente e à constatação de que termos como "igualdade de género" ou "integração da perspetiva de género" não conseguiram comunicar ou reparar as injustiças baseadas no género de que as mulheres são vítimas. A autora mostra que, embora os debates sobre a justiça de género tenham muitos pontos de partida diferentes, partilham dilemas semelhantes e não resolvidos. As considerações filosóficas sobre a natureza, os direitos e as capacidades humanas estão ligadas a disposições políticas e económicas práticas, a fim de estabelecer os direitos associados à cidadania e aos problemas de discriminação flagrante ou de preconceitos ocultos na lei e na prática jurídica.

Goetz define a equidade de género como o fim das desigualdades entre mulheres e homens, que resultam na subordinação das mulheres aos homens, e a reparação dessas desigualdades. Ver a equidade de género como resultado e como processo ajuda a diferenciar entre o que deve ser alcançado e como deve ser alcançado. A equidade de género como objetivo desejável implica o acesso e o controlo dos recursos, combinados com a capacidade de fazer escolhas. Enquanto processo contínuo, a equidade de género traz consigo um elemento essencial adicional: a prestação de contas, que implica a responsabilidade e a capacidade de resposta precisamente por parte das instituições sociais criadas para conceder justiça. A constituição das injustiças de género pode ser lida a partir de contratos básicos (formais ou implícitos) que moldam a pertença a uma série de instituições sociais - a família, a comunidade, o mercado, o Estado e mesmo as instituições da religião estabelecida. Compreender as justificações ideológicas e culturais para a subordinação das mulheres em cada arena pode ajudar a identificar a forma de desafiar os padrões de desigualdade.

As feministas do Terceiro Mundo sublinharam a importância de um debate situado e específico do contexto sobre a justiça de género, a cidadania e o direito. Existem vários pontos de convergência nas preocupações e temas do corpus internacional desenvolvido nos domínios do género, do direito, da cidadania e dos direitos. No entanto, existem diferenças regionais manifestas no que se refere à orientação teórica e ao enfoque empírico que reflectem diferentes histórias e a particularidade dos contextos em que a justiça de género é enquadrada. Como forma de justiça que diz respeito às relações de poder entre os sexos, as relações justas de género referem-se tanto à simples igualdade entre mulheres e homens como à igualdade que tem em conta as diferenças. O reconhecimento da diferença, no entanto, não exclui de forma alguma o facto de a igualdade continuar a ser um princípio fundamental da justiça e de, na letra e na prática da lei, todas as pessoas serem tratadas como iguais morais. As lutas das mulheres pela igualdade de cidadania apresentam um conjunto de caraterísticas importantes. Em primeiro lugar, há um alinhamento das exigências de justiça de género com campanhas mais amplas pelos direitos humanos e pela restauração da democracia. Estas questões foram intensamente sentidas nos países pós-coloniais e pós-fascistas. Em segundo lugar, a renegociação das ideias de cidadania ativa, segundo a qual a cidadania é vista como algo que vai para além de uma relação exclusivamente jurídica que confere direitos a sujeitos passivos, o que implica participação e ação. E, por último, a cidadania é entendida como um processo que exige a superação de discriminações sociais, alegadamente multidimensionais, e que implica formas de exclusão social, económica e política (ver Yuval-Davis 1997).

Tem havido um desacordo significativo entre os académicos quanto à aplicabilidade e relevância do conceito de género como relações socialmente construídas, o que conduziu, consequentemente, a debates sobre a forma como a equidade de género pode ser definida. Aqueles que questionam o facto de as relações desiguais de género serem uma caraterística central das relações sociais e económicas são mais propensos a adotar uma definição menos politizada de equidade de género. É mais provável que adoptem "definições neutras", tais como "empoderamento das mulheres e dos homens", uma frase comummente encontrada em agências que adoptaram a integração da perspetiva de género. Pelo contrário, aqueles que vêem as relações desiguais de género como centrais parecem adotar uma posição explicitamente crítica que define a equidade de género como sendo a superação da discriminação e subordinação das mulheres. Independentemente destas diferenças, as interpretações comuns da equidade de género dizem respeito ao tratamento justo de mulheres e homens, em que a equidade é avaliada com base em consequências substantivas e não com base numa noção de igualdade formal que utiliza um padrão implícito de "igualdade". Além disso, a equidade é avaliada ao nível das relações interpessoais e das instituições, em que, dada a longa história de hierarquia de género, se procede ao realinhamento da balança a favor das mulheres. Isto é acompanhado por uma investigação sobre a aleatoriedade que caracteriza as construções sociais de género (ver também Butler, 1990) e a necessidade de tomar medidas corretivas no sentido de transformar a sociedade no seu conjunto para a tornar mais justa e igualitária.

As feministas questionaram as definições estritas e lineares que abordam a cidadania como uma relação direta e unívoca entre o Estado e o cidadão individual. Em contrapartida, são apresentadas concepções de cidadania que têm em conta o facto de a experiência de cidadania ser mediada por outros marcadores de pertença, por exemplo, com base na raça, na etnia, na casta ou na classe. Os estudos feministas e de género têm sublinhado a importância de uma tal compreensão situada da cidadania para as mulheres e como é crucial que qualquer análise deste tipo parta de uma compreensão das experiências vividas pelas mulheres.

"Os princípios da desigualdade influenciam e moldam, de forma desigual, diferentes subjectividades. Também se estendem mais além para estruturar, e serem lidos a partir de, coisas como o 'fazer género' à medida que este assume uma forma cultural e institucional" (Cooper 2004: 53).

O debate sobre justiça de género e cidadania discrimina entre exclusões formais e explícitas das mulheres do estatuto de cidadania plena. Aqui, a cidadania formal é entendida como a relação entre o Estado e o cidadão, ao passo que a cidadania substantiva é aquela que ultrapassa as limitações da política e do direito formais para abranger a relação económica, social e política entre grupos sociais e estruturas de poder. Apesar das actuais revisões das constituições em muitos países, as restrições formais à cidadania das mulheres parecem continuar a ser a norma e não a exceção. A isenção do direito consuetudinário e religioso da proibição da discriminação ao abrigo das constituições de vários países significa que persistem regras injustas no que respeita ao acesso aos recursos. Estas regras são injustas para as mulheres e outros membros menos poderosos da família e perpetuam frequentemente uma situação em que as mulheres são tratadas como menores legais.

CAPÍTULO 3

3. Significado de Justiça de Género

Diz-se que a "justiça" é, antes de mais, um problema de descoberta da linha de ação correta. Desde a antiguidade, os pensadores políticos têm tentado formular o conceito de justiça. Com a ascensão e o crescimento do mundo moderno e da consciência moderna, especialmente sob a influência efectiva dos princípios da democracia e do socialismo, este conceito foi profundamente transformado.

O termo "justiça de género" é frequentemente utilizado em referência a projectos emancipadores que promovem os direitos das mulheres através de alterações legais ou promovem os interesses das mulheres na política social e económica. No entanto, o termo raramente recebe uma definição precisa e é muitas vezes utilizado indistintamente com as noções de igualdade de género, equidade de género, capacitação das mulheres e direitos das mulheres. A justiça de género no espírito da justiça social é mais do que simplesmente questionar a relação entre homens e mulheres. Implica a elaboração de estratégias de ação corretiva para transformar a sociedade no seu conjunto, de modo a torná-la mais justa e igualitária, e significa "um lugar onde as mulheres e os homens podem ser tratados como seres humanos de pleno direito".

CAPÍTULO 4

4. Definição de justiça de género

A equidade de género pode ser definida como "a proteção e a promoção dos direitos civis, políticos, económicos e sociais com base na igualdade de género. Requer a adoção de uma perspetiva de género sobre os próprios direitos, bem como a avaliação do acesso e dos obstáculos ao gozo desses direitos, tanto para as mulheres como para os homens, raparigas e rapazes, e a adoção de estratégias sensíveis ao género para os proteger e promover".

A incorporação da justiça de género nos mecanismos de responsabilização tem, até agora, enfatizado dois objectivos fundamentais: reconhecer e procurar justiça para as experiências de violência sexual das mulheres durante o conflito; e assegurar uma maior representação das mulheres nas arenas de elaboração de políticas e de tomada de decisões sobre questões pós-conflito, bem como nos próprios mecanismos de justiça transicional. As secções seguintes avaliam os ganhos obtidos em ambos os campos, bem como selecionam recomendações para o futuro. O documento debruça-se então sobre a necessidade de ir além de uma maior participação das mulheres e da reparação de violações específicas, para engendrar o campo da justiça transicional como um todo, a fim de progredir no sentido de uma paz sustentável e de uma justiça transformadora.

CAPÍTULO 5

5. Visão global da justiça de género

A justiça de género, em termos simples, refere-se à igualdade entre os sexos. A equidade de género é uma correlação de factores sociais, económicos, políticos, ambientais, culturais e educativos, que devem ser satisfeitos para alcançar a equidade de género. A nível mundial, a justiça de género enquanto causa tem vindo a ganhar força ao longo dos anos, uma vez que se percebeu que nenhum Estado pode progredir verdadeiramente se metade da sua população for prejudicada. A justiça de género, em termos simples, refere-se à igualdade entre os sexos. A justiça de género é uma correlação de factores sociais, económicos, políticos, ambientais, culturais e educativos; estas condições prévias têm de ser satisfeitas para alcançar a justiça de género. Nestes dias de globalização, a imagem global das mulheres é muito ignorável e desigual. As mulheres constituem 50 por cento da população mundial e são responsáveis por 66 por cento do trabalho realizado, mas têm apenas uma quota de 10 por cento do rendimento mundial e possuem um por cento da propriedade mundial. A nível mundial, a justiça de género como causa tem vindo a ganhar força ao longo dos anos, uma vez que se compreendeu que nenhum Estado pode progredir verdadeiramente se metade da sua população for prejudicada.

A luta pela igualdade de direitos, liberdade e justiça tem sido travada por activistas dos direitos humanos, feministas, ONG e através do apoio do Governo. Embora se tenham registado progressos consideráveis neste domínio, as mulheres continuam a ficar para trás. Com a globalização, há outras questões complexas que as mulheres enfrentam atualmente, para além das questões elementares que sempre as atormentaram. O consumismo e a heterogeneidade cultural trouxeram consigo uma maior objectificação das mulheres. Para além destas questões, há ainda muitas culturas no mundo em que a condição das mulheres continua a ser deplorável, não tendo ainda qualquer controlo ou direito sobre si próprias, sobre os seus corpos ou sobre os seus filhos. A situação é pior em África e no Médio Oriente. A justiça de género refere-se à harmonização dos direitos e das necessidades das mulheres na sociedade em geral. Neste sentido, a justiça significa um comportamento mais equilibrado, o fim da violência e a distribuição equitativa das necessidades sociais.

A nível mundial, as Nações Unidas estabeleceram um forte mandato para a justiça de género. A igualdade e a equidade entre homens e mulheres têm estado no centro das atenções desde a criação da ONU. Em 1946, foi criado um organismo separado para trabalhar no "progresso das mulheres". A Comissão sobre o Estatuto das Mulheres trabalhou desde a sua criação para recolher e compilar dados sobre a situação das mulheres em todo o mundo, promover os direitos humanos das mulheres e sensibilizar e apoiar a sua contribuição para o desenvolvimento. A Década das Mulheres (1976-1985) e quatro conferências mundiais sobre as mulheres (entre 1975 e 1995) contribuíram significativamente para aumentar a sensibilização e o empenho na igualdade e na justiça entre os sexos. Em 1995, a Declaração e a Plataforma de Ação de Pequim foram elaboradas para orientar o trabalho a nível nacional. O tratado de direitos humanos sobre a igualdade de género - A Convenção sobre a Eliminação de Todas as Formas de Discriminação contra as Mulheres (CEDAW) foi ratificada por 185 Estados e o protocolo facultativo por 90 Estados. Desde 1995 e a adoção da integração da perspetiva de género como estratégia fundamental para alcançar a igualdade entre homens e mulheres, os organismos intergovernamentais - como a Assembleia Geral, o ECOSOC e a Comissão sobre o Estatuto das Mulheres - têm trabalhado para integrar as perspectivas de género como parte integrante de todas as áreas políticas.

Na Cimeira Mundial de 2005, os líderes mundiais reiteraram que "o progresso para as mulheres é um progresso para todos". A UNIFEM é outra agência da ONU. É o fundo de desenvolvimento para as mulheres nas Nações Unidas. Fornece assistência técnica e financeira a programas e estratégias inovadores para promover o empoderamento das mulheres e a igualdade de género. O Programa das Nações Unidas para o Desenvolvimento (PNUD) também tem o Índice de Desenvolvimento de Género (IDG). Trata-se de uma indicação do nível de vida num país, desenvolvida pela ONU. O seu objetivo é mostrar as desigualdades entre homens e mulheres: vida longa e saudável, conhecimento e nível de vida decente. A Índia ocupa o 128º lugar no Índice de Desenvolvimento do Género, enquanto os EUA ocupam o 12º lugar e o Reino Unido o 16º. A décima nona emenda à Constituição dos Estados Unidos, em 1920, que confere às mulheres direitos iguais aos dos homens no que respeita ao voto, foi o primeiro reconhecimento constitucional dos direitos do género.

5.1 Medidas internacionais para a justiça de género

A ideia dos direitos humanos das mulheres é frequentemente citada como tendo começado em 1792, com o livro de Mary Wollstonecraft, Vindication of Rights of women, publicado em resposta à promulgação da teoria dos direitos naturais do homem: "Os historiadores feministas argumentam que o que distingue Wollstonecraft é o facto de ter sido a primeira a colocar as suas teorias no contexto de uma teoria mais ampla dos direitos humanos libertários modernos. Além disso, escreveu num estilo mais moderno, definindo e descrevendo as limitações das mulheres na vida pública e privada.

A investigação histórica revelou um período de gestação muito mais longo, que começou, pelo menos, no início do século XV, com a publicação, em 1405, de Le livre de cite des dames (O livro da cidade das senhoras), de Christine de Pizan. Esta obra estimulou o que as feministas francesas chamam de "querelle des femmes" (debate sobre as mulheres), que continua até hoje.

Tal como John Stuart Mill argumentou em 1869, na fácil obra A sujeição das mulheres, a questão é saber se as mulheres devem ser obrigadas a seguir aquilo que é entendido como a sua "vocação natural", ou seja, o lar e a família - frequentemente designada por esfera privada - ou se devem ser vistas, na vida privada e pública, como parceiras iguais dos homens. Embora a divisão de esferas, baseada no sexo e conhecida como patriarcado, possa ter sido justificada como uma divisão de trabalho necessária nos primórdios da evolução da espécie humana, o sistema há muito que ultrapassou a sua funcionalidade e tem sido contestado pelas mulheres, e por alguns homens, desde pelo menos o século XV. A historiadora feminista Gerda Lerner atribui a de Pizan o primeiro esforço deliberado para aumentar a consciência das mulheres, mas lamenta o facto de que, embora muitas mulheres tenham posteriormente publicado listas de mulheres famosas, poucas usaram de Pizan como referência - um exemplo de como a falta de conhecimento da história das mulheres impede o desenvolvimento intelectual. Joan Kelly, outra historiadora feminista, argumenta que de Pizan abriu o debate sobre as mulheres ao estabelecer os postulados básicos do feminismo (o termo feminismo é utilizado em todo o ensaio no seu significado original: The Theory of and The Struggle for Equality for Women). Kelly afirma também que de Pizan e os seus sucessores europeus se concentraram no que hoje se chama "género", o conceito de que a oposição às mulheres não tem apenas uma base biológica, mas também uma base cultural (Chatteijee Mohini:2004:23).

A história da luta pelos direitos humanos das mulheres indica que não é só quando as mulheres são alfabetizadas, quando podem articular a sua visão da vida em publicações e perante audiências, quando podem organizar-se e exigir igualdade, quando as raparigas são educadas e socializadas para pensarem em si próprias como cidadãs, bem como esposas e mães, e quando os homens assumem mais responsabilidades no cuidado das crianças e do lar, então só as mulheres serão cidadãs plenas e iguais, capazes de usufruir dos direitos humanos. A convenção das mulheres, agora popularmente designada por Tratado dos Direitos Humanos das Mulheres, foi cumprida ou aderida por 163 nações e tornou-se uma arma formidável na luta pela implementação mundial dos direitos humanos das mulheres. Os grupos de mulheres de todo o mundo estão a utilizar os princípios estabelecidos na convenção para promover a observância dos direitos das mulheres através de processos judiciais; como base para a defesa da alteração das leis e políticas nacionais e para chamar a atenção para a revogação dos direitos humanos das mulheres perante os comités internacionais. Um número crescente de organizações de mulheres está a elaborar "relatórios-sombra" sobre a aplicação do tratado nos países que vão ser analisados pelo comité da CEDAW, o qual, por sua vez, está a tornar-se mais agressivo ao desafiar os governos a respeitarem o tratado. A sensibilização para os direitos humanos das mulheres começa por torná-los visíveis De facto, grande parte do crédito por colocar esta questão na agenda dos organismos de direitos humanos das Nações Unidas vai para as activistas e organizações não governamentais de mulheres que mobilizaram os seus esforços em conjunto com a preparação da conferência mundial sobre direitos humanos, realizada em Viena, em 1993. Antes disso, os direitos humanos das mulheres eram verdadeiramente um tema invisível para os programas de direitos humanos das Nações Unidas. (Chateijee Mohini: 2004:21).

5.2 As Nações Unidas e a sua Comissão sobre o Estatuto das Mulheres

Na altura em que a ONU foi criada, em 1945, as mulheres estavam profundamente envolvidas na esfera pública, principalmente em organizações não governamentais, mas alguns países tinham mulheres nas suas delegações. O movimento sufragista tinha sido bem sucedido em 31 países. Em muitos países, as mulheres adquiriram também uma vasta experiência de lobbying junto de funcionários governamentais a nível local, nacional e mesmo internacional. A Federação Internacional das Mulheres Trabalhadoras (IFWW), por exemplo, exerceu pressão sobre a Organização Internacional do Trabalho (OIT) e conseguiu a adoção das convenções de 1919 sobre a proteção da maternidade e o trabalho noturno das mulheres. A cláusula de igualdade de direitos entre homens e mulheres da Carta das Nações Unidas estabeleceu uma base jurídica para a luta internacional pela afirmação dos direitos humanos das mulheres. Apesar de apenas 11 das 51 nações representadas na Assembleia Geral da ONU de 1946 terem mulheres nas suas delegações, com o apoio das ONG de mulheres, as mulheres deram a conhecer a sua presença. O objetivo de todas as iniciativas era promover os direitos das mulheres em todos os domínios da atividade humana. O objetivo era elevar a igualdade de direitos e o estatuto humano das mulheres, independentemente da sua nacionalidade, raça, língua ou religião, a fim de alcançar a igualdade com os homens em todos os domínios da atividade humana e eliminar todas as discriminações contra as mulheres na legislação, nas máximas ou regras jurídicas ou nas interpretações do direito consuetudinário.

Quando as Nações Unidas foram criadas, em meados do século XX, a nível internacional, já havia uma massa crítica de mulheres com formação académica, com emprego fora de casa e com liberdade jurídica e social suficiente para participar na vida pública, mesmo a nível internacional. Numerosas organizações internacionais de mulheres tinham 50 anos de experiência. Em resultado da pressão exercida por estas organizações e com o apoio das delegadas, a frase **"igualdade de direitos entre homens e mulheres"** foi inserida na Carta das Nações Unidas. Quando a **Declaração Universal dos Direitos do Homem (DUDH)** foi redigida, a palavra "todos", em vez do pronome pessoal masculino, foi utilizada na maioria dos seus artigos, mas não em todos, quando a Comissão dos Direitos do Homem não reconheceu adequadamente as aspirações das mulheres, as mulheres delegadas e as organizações não governamentais

(ONG) que as apoiavam eram politicamente poderosas e suficientemente fortes para obterem uma comissão independente sobre o estatuto das mulheres (CSW) em 1979, a CSW, com o apoio das mulheres delegadas e das ONG e com uma nova vaga de feminismo em curso, tinha redigido e pressionado com êxito a adoção da convenção sobre a **eliminação de todas as formas de discriminação contra as mulheres.**

O esforço para definir os direitos humanos das mulheres e eliminar a discriminação contra elas pode ser visto como parte do esforço de democratização mundial. [st]A questão que se coloca no início do século XXI é a de saber se as mulheres exercerão suficientemente o seu poder político a nível nacional, local e internacional para garantir a aplicação universal do Tratado dos Direitos Humanos das Mulheres. Isto depende do facto de as mulheres, em parceria com os homens, conseguirem racionalizar eficazmente as relações entre a esfera privada e a esfera pública - entre o trabalho, a família e a vida pública. Uma questão importante relacionada é se as mulheres em todos os países resgatarão a sua história e a utilizarão para validar e apoiar a sua luta pela igualdade e pela justiça ou se, como no passado, terão de ser organizados novos movimentos de mulheres de poucas em poucas gerações para compensar a falta de história das mulheres e as deficiências na educação tradicional e na socialização das raparigas.

5.3 Segunda Conferência Mundial sobre os Direitos do Homem em Viena

Nas décadas de 1980 e 1990, a comunidade de direitos humanos das mulheres começou a apresentar uma crítica ao preconceito masculino na priorização e interpretação dos direitos humanos nas Nações Unidas, especialmente na sua comissão de direitos humanos. Para contrariar a invisibilidade dos abusos contra as mulheres, realizou-se em Viena a segunda conferência mundial sobre direitos humanos: a campanha global pelos direitos humanos das mulheres foi organizada para influenciar os resultados desta reunião histórica. O Centro para a Liderança Global das Mulheres (sediado no Douglass College Campus da Universidade de Rutgers, em New Brunswick, New Jersey, EUA) colaborou com organizações de mulheres de todo o mundo para lançar e coordenar a campanha. O objetivo da campanha era dar visibilidade às formas de violência contra as mulheres que os peritos das Nações Unidas em direitos humanos e o governo não tinham conseguido incluir como parte dos direitos humanos, especialmente as que ocorrem na comunidade, na família e na esfera privada, e exigir a responsabilidade do governo para as erradicar.

Para o efeito, a campanha global organizou uma série de tribunais em todo o mundo, culminando no Tribunal de Viena para os Direitos Humanos das Mulheres, no qual as mulheres testemunharam em primeira mão a sua experiência de violência na família, crimes de guerra contra as mulheres, violações da integridade física, violações socioeconómicas e perseguição política e discriminação. Os testemunhos foram ouvidos por uma audiência de organizações não governamentais (ONG) e delegados dos países presentes na conferência oficial e avaliados por um painel distinto. A força e a eficácia da Campanha Global podem ser comprovadas pela adoção de muitas destas recomendações na Declaração de Viena, o documento final da conferência e, mais tarde, pela Declaração das Nações Unidas para a Eliminação da Violência contra as Mulheres, aprovada pela Assembleia Geral em dezembro de 1993. A Comissão dos Direitos Humanos das Nações Unidas aprovou um relator especial sobre a violência contra as mulheres, nomeando Radhika Coomaraswamy. O protocolo facultativo da CEDAW foi aprovado pela Assembleia Geral das Nações Unidas em dezembro de 1999 e entrou em vigor em 2000. Em dezembro de 1999, foi criado um tribunal penal internacional que inclui a violação e outras formas de violência sexual - incluindo a prostituição forçada, a gravidez forçada e a escravatura sexual - como crimes contra a humanidade e como crimes de guerra quando cometidos no contexto de conflitos armados internacionais ou internos. Com este novo acordo, que conta com um relator na Comissão dos Direitos Humanos, e com um esforço total por parte das Nações Unidas para integrar e fazer prevalecer uma perspetiva de género em todas as suas instituições, as organizações de direitos humanos puderam trabalhar mais estreitamente com as organizações de mulheres para integrar as questões urgentes da violência contra as mulheres na prática dos direitos humanos.

5.4 A Quarta Conferência Mundial

sobre as mulheres, realizada em Pequim, em 1995, é notável pelo facto de ter finalmente colocado o selo das Nações Unidas no conceito de que "os direitos das mulheres são direitos humanos" e também pelo facto de ter iniciado a "integração do género", o que denota a aceitação do "género" como uma abordagem holística da humanidade, que inclui tanto o homem como a mulher. Foi preciso muito tempo para se perceber que o "género" não era apenas uma questão das mulheres, mas que estava ligado à maioria das outras questões, como a violência, os cuidados de saúde ou a participação política. A integração da perspetiva de género procura dar poder às mulheres, eliminando os obstáculos que foram construídos pelas sociedades e que funcionam em detrimento das mulheres. Ao avaliarem as leis, as políticas, os programas, os costumes, as práticas e uma série de desigualdades numa perspetiva de género, as mulheres e os homens podem identificar as áreas em que as mulheres têm sido discriminadas e desenvolver novas políticas para ultrapassar essa discriminação.

A maior luta tem sido simplesmente tornar visíveis os direitos humanos das mulheres, quer se trate do uso da violência contra as mulheres, quer de questões de emprego, educação, cuidados de saúde ou outros direitos. Tal como o pessoal dos direitos humanos das Nações Unidas explicou em dezembro de 1999, "a integração da perspetiva de género é, portanto, o processo de sensibilização para o estatuto das mulheres na esfera pública. No domínio dos direitos das mulheres, isto implica, em primeiro lugar, a tomada de consciência de que existe uma dimensão de género em cada ocorrência de violação dos direitos humanos". O mainstreaming exige também que se aumente a participação efectiva das mulheres no mecanismo dos direitos humanos e que se garanta que o mainstreaming tem um efeito duradouro na forma como o trabalho em matéria de direitos humanos é realizado, resolvendo um problema burocrático fundamental de coordenação e cooperação entre muitas partes do sistema das Nações Unidas. Na verdade, grande parte do mérito de colocar a questão na agenda dos organismos de direitos humanos da ONU deve-se aos activistas e organizações não governamentais de mulheres que mobilizaram os seus esforços em conjunto com os preparativos para a conferência mundial sobre direitos humanos, realizada em Viena, em 1993. Antes disso, os direitos humanos das mulheres eram de facto um tema invisível para os programas de direitos humanos da ONU.

5.5 A Plataforma de Pequim de 1995

A Plataforma de Ação de Pequim, de 1995, sublinhou a importância de aplicar os seis instrumentos internacionais de direitos humanos de forma a considerar claramente "a natureza sistemática e sistemática da discriminação contra as mulheres que a análise de género indicou claramente" e a garantir "a plena integração e integração dos direitos humanos das mulheres". (Pontos 222, 231 b. 231 f). Em 1999, a ordem de trabalhos da Comissão dos Direitos do Homem, recentemente reformada, incluiu pela primeira vez um ponto separado sobre a "integração do género e dos direitos humanos das mulheres". Esta alteração reflecte anos de esforços. Um dos grandes marcos na proteção dos direitos humanos das mulheres foi a adoção pela Assembleia Geral das Nações Unidas, em dezembro de 1979, da Convenção das Nações Unidas para a Eliminação de todas as Formas de Discriminação contra as Mulheres (CEDAW). A convenção estabeleceu os fundamentos e a norma universal para que as mulheres possam usufruir em igualdade de condições, sem discriminação, dos direitos civis, políticos, económicos, sociais e culturais. A aprovação subsequente de novos tratados, declarações e mecanismos das Nações Unidas fez avançar o reconhecimento e a proteção dos direitos humanos das mulheres. Desde 1979, muitas organizações surgiram nos Estados Unidos e em todo o mundo para promover a consciencialização dos direitos humanos das mulheres e para advogar a sua defesa. O Artigo 1 da Declaração Universal dos Direitos Humanos (DUDH), adoptada pela ONU em 1948, afirma que: "Todos os seres humanos são livres e iguais em dignidade e direitos".

No artigo 2.º afirma-se que "Todos podem invocar os direitos e as liberdades enunciados na presente declaração, sem distinção alguma, nomeadamente de raça, de cor, de sexo ou de língua". No entanto, estas palavras revelaram-se, para as mulheres, uma falsa esperança, mesmo quando foram aprovados tratados posteriores, como os pactos internacionais sobre os direitos civis e políticos (1966) e sobre os direitos sociais, económicos e sociais. (1966) e sobre os Direitos Sociais, Económicos e Culturais (1966), que se destinavam a traduzir a DUDH em leis internacionais de direitos humanos, os governos, os agentes e os actores privados continuaram a discriminá-las e a praticar ou a tolerar tacitamente a violência contra elas. A CEDAW procura promover a proteção dos direitos humanos das mulheres aplicando uma perspetiva de género aos princípios enunciados na DUDH. A CEDAW foi o primeiro tratado internacional de direitos humanos a definir a discriminação contra as mulheres. Os seus primeiros 16 artigos apelam ao governo para que assegure a erradicação de tais abusos em praticamente todos os sectores da vida. No artigo 5, a CEDAW também responsabiliza o governo por tomar medidas para modificar práticas baseadas em estereótipos sobre o papel das mulheres, bem como crenças sobre a inferioridade das mulheres. A implicação deste artigo é que as práticas culturais, tradicionais ou religiosas discriminatórias podem ser prejudiciais para as mulheres e raparigas e que o governo é responsável por tomar medidas para as modificar ou eliminar.

5.6 Toowoomba, Conferência Internacional das Mulheres (quinta-feira, 25-27 de setembro de 2007)

A sessão inaugural da **Conferência Internacional das Mulheres de Toowoomba** realizou-se na **Universidade do Sul de Queensland (USQ)** e foi organizada pela omen's Network Inc, Young Women's Place Inc, Lifeline Darling Downs e South West Queensland Ltd e pelo Serviço de Prevenção da Violência Doméstica e Familiar, que se juntaram para apresentar esta conferência que explora questões que afectam a vida das mulheres a nível mundial e para lhes proporcionar oportunidades de estabelecimento de redes, informação, colaboração e partilha de recursos a nível local, nacional e internacional. O segundo dia da conferência internacional das mulheres começou de forma animada com o discurso da Professora Linda Duxbury intitulado **"Ficar parado NÃO é uma opção: A Austrália precisa de levar a sério o equilíbrio entre a vida profissional e a vida privada.** A Professora Duxbury **(na foto, com Majella Albion, membro do comité da conferência 20eclared2020)** analisou as relações laborais e as tendências no local de trabalho na Austrália, centrando-se no **equilíbrio** trabalho/vida pessoal **e nos direitos e benefícios dos trabalhadores.** Utilizando o Canadá como exemplo de estudo de caso, identificou uma mudança geracional nas atitudes em relação ao trabalho e o que os governos e as entidades patronais podem fazer para melhorar essas atitudes.

As sessões simultâneas da manhã incluíram um workshop sobre mapeamento mental, comunicações sobre temas como a solução da pobreza, as mulheres no desporto e os telemóveis. Foram apresentadas três comunicações importantes: A análise de Shalene Worth sobre a visibilidade das pessoas que sofrem de

Invisible Chronic Illness"; a apresentação de Anacoreta Arciaga sobre um programa de redução da pobreza nas Filipinas que dá às mulheres a oportunidade de criarem os seus próprios negócios; e Zohl de Ishtar **(na foto)** fez uma análise intransigente do legado da colonialização numa comunidade indígena remota e explorou as tradições e a liderança das mulheres mais velhas. As sessões da tarde consistiram em workshops sobre temas que vão desde a autoestima espiritual aos cuidados infantis. A Chanceler Bobbie Brazil deu as boas-vindas ao Governador de Queensland, Quentin Bryce, que abriu oficialmente a Conferência com um discurso perspicaz e desafiador. A Sra. Bryce falou da história da emancipação das mulheres e da luta pela igualdade de direitos na Austrália, e deu uma visão geral da natureza dessa luta atualmente, sugerindo que os papéis das mulheres como prestadoras de cuidados e o seu equilíbrio trabalho/família/vida são as áreas que precisam de ser focadas para o futuro.

A Sra. Lillian Holt proferiu o seu discurso de abertura sobre o tema **"Trabalho, Sonhos e Tarefas, Visões, Tarefas e Esperança"**, partilhando a história do seu percurso educativo e académico e dando a sua perspetiva sobre o papel da educação no conhecimento do nosso verdadeiro eu. Em seguida, os delegados reuniram-se para as sessões actuais da tecon da manhã. Foram apresentadas 17 comunicações em salas espalhadas por todo o campus sobre um vasto leque de tópicos, incluindo **espiritualidade, comunidade, mulheres no meio académico e no local de trabalho, e muitos** outros. A Chanceler Bobbie Brazil deu as boas-vindas aos delegados e apresentou uma comunicação sobre o **papel da mulher na agricultura sustentável e na reabilitação de ecossistemas nativos.** Uma óptima abertura para o que promete ser uma **conferência descontraída e perspicaz.**

CAPÍTULO 6

6. Estatuto da Mulher na Índia na História
6.1 Período Védico

Na Índia antiga, as mulheres gozavam de um estatuto igual ao dos homens em todos os domínios da vida. O período védico foi a época em que as mulheres gozaram de um lugar dominante na sociedade. As mulheres tinham o direito à educação e estudavam em gurukuls. De acordo com o Rig Veda, afirma-se que o lar tem os seus alicerces na massa feminina. Mulheres como Apala Atreyi (filha de Atri Rishi, os seus hinos aparecem no Rig Veda), Viswavara Atreyi (compositora do Rig Veda), Gargi (a primeira mulher filósofa da Índia antiga), os versos do Rig Veda sugerem que as mulheres se casavam numa idade madura e eram provavelmente livres de escolher o seu marido. Maitreye (uma mulher instruída que contribuía para os pensamentos espirituais do marido), etc., desempenhavam um papel muito importante na sociedade.

O Manusmriti afirma que a mulher é respeitada onde os deuses vagueiam. No Upanishad, as esposas eram consideradas como verdadeiras companheiras dos seus maridos. No período védico, as raparigas eram autorizadas a submeter-se à cerimónia do fio (upanayana); não existia o sistema pardah; havia o direito de selecionar os parceiros de vida; havia o direito de as viúvas voltarem a casar. Além disso, as mulheres da casta Kshatriya recebiam treino de artes marciais e de armas.

Alguns reinos da Índia antiga tinham tradições como a nagarvadhu ("noiva da cidade"). As mulheres competiam para ganhar o cobiçado título de nagarvadhu. Amrapali é o exemplo mais famoso de uma nagarvadhu. De acordo com estudos efectuados, as mulheres gozavam de estatuto e direitos iguais durante o período védico inicial. No entanto, mais tarde (cerca de 500 a.C.), o estatuto das mulheres começou a diminuir com os Smritis (especialmente o Manusmriti) e com a invasão islâmica de Babur e do império Mughal e, mais tarde, com o cristianismo, que restringiu a liberdade e os direitos das mulheres.

6.2 Período pós-védico

Durante este período, registou-se uma degradação da posição das mulheres. Neste período, desenvolveu-se o conceito de classe e de gotra. Nos seus escritos, Manu falava de uma sociedade patriarcal e dizia que o domínio dos homens devia ser reforçado. Nesta época, as raparigas eram consideradas uma maldição; era-lhes negado o acesso à educação e os casamentos antes da puberdade tinham origem. As raparigas não podiam submeter-se à cerimónia do fio como na época védica. No entanto, o direito das mulheres à propriedade existia através do conceito de stridhan e as raparigas brâmanes eram autorizadas a receber educação, formação em ciências militares, etc. Embora os movimentos reformadores, como o jainismo, permitissem a admissão de mulheres na ordem religiosa, de um modo geral, as mulheres na Índia enfrentavam confinamento e restrições. Pensa-se que a prática dos casamentos de crianças começou por volta do século VI.

6.3 Período Medieval

A posição da mulher indiana na sociedade deteriorou-se ainda mais durante o período medieval, considerado como a idade das trevas para as mulheres, em que a sua posição se degradou consideravelmente. Neste período, a Índia foi invadida por conquistadores estrangeiros, o que provocou o declínio do estatuto da mulher. Quando os muçulmanos chegaram à Índia, trouxeram consigo a sua própria cultura. No Alcorão afirma-se que. Os homens são os mantenedores, porque Deus fez com que alguns deles se distinguissem dos outros e porque gastam dos seus bens. As boas mulheres são, portanto, obedientes, guardando o invisível como Deus guardou; Os soldados invasores cometeram actos de violência contra as mulheres e, apenas para as proteger, foi criado o sistema pardah, em que as mulheres eram colocadas atrás de véus.

Começou a prática da poligamia e os soldados invasores apanhavam as mulheres que queriam. A criança do sexo feminino era considerada uma maldição durante este período porque trazia consigo vários problemas relacionados com as mulheres que prevaleciam na altura. Os males sociais como o sati, o casamento infantil, o infanticídio feminino, etc., aumentaram a um ritmo alarmante. Neste período, surgiu também o sistema Devdasi, em que as raparigas eram consideradas servas dos deuses. O sistema Devdasi foi criado como uma conspiração entre os sacerdotes e a classe feudal. Além disso, o sistema de dote tornou-se preponderante e o costume de jauhar foi registado nas famílias hindus Rajput. No costume do jauhar, as esposas dos rajputs que iam para a luta suicidavam-se quando os clãs tinham a certeza de que os rajputs não iam morrer no campo de batalha. Quando o sati se instalou em algumas comunidades, os casamentos de crianças e a proibição de novos casamentos de viúvas passaram a fazer parte da vida social de algumas comunidades na Índia. A conquista muçulmana do subcontinente indiano introduziu a prática do purdah na sociedade indiana. Entre os Rajputs do Rajastão, os Jauharwas eclodiram. Nalgumas partes da Índia, as Devadasis ou mulheres dos templos eram exploradas sexualmente. Em muitas famílias muçulmanas, a poligamia era amplamente difundida, especialmente entre os governantes hindus Kshatriya.

Apesar destas condições, algumas mulheres destacaram-se nos domínios da política, da literatura, da educação e da religião. Razia Sultana tornou-se a única mulher monarca a governar Deli. A rainha Durgavati, dos Gond, governou durante quinze anos, antes de perder o seu pífaro numa batalha com Asaf Khan, general do imperador mogol Akbar, em 1564. Chand Bibi defendeu Ahmednagar contra as poderosas forças mogóis de Akbar na década de 1590. A esposa de Jehangir, NurJehan, exerceu efetivamente o poder imperial e foi reconhecida como a verdadeira força por detrás do trono mogol. As princesas mogóis Jahanara e Zebunnissa eram poetisas de renome e também influenciaram a administração do governo. A mãe de Shivaji, Jijabai, foi nomeada rainha regente, devido às suas capacidades como guerreira e administradora. No Sul da Índia, muitas mulheres administravam aldeias, cidades, divisões e instituições sociais e religiosas.

Os movimentos Bhakti tentaram restaurar o estatuto das mulheres e questionaram algumas das formas de opressão. Mirabai, uma santa-poeta, foi uma das figuras mais importantes do movimento Bhakti. Algumas outras santas-poetas deste período incluem AkkaMahadevi, Rami Janabai e LalDed. As seitas Bhakti no hinduísmo, como a Mahanubhav, a Varkari e muitas outras, foram os principais movimentos no seio do hinduísmo para defender abertamente a justiça social e a igualdade entre homens e mulheres.

Pouco depois do movimento Bhakti, Guru Nanak, o primeiro Guru dos Sikhs, também pregou a mensagem da igualdade entre homens e mulheres. Defendeu que as mulheres fossem autorizadas a dirigir assembleias religiosas, a cantar e a dirigir hinos congregacionais chamados Kirtan ou Bhajan, a tornar-se membros de comités de gestão religiosa, a liderar exércitos no campo de batalha, a ter igualdade no casamento e igualdade no Amrit (batismo). Outros Gurus Sikh também pregaram contra a discriminação das mulheres.

6.4 Período Britânico

Os académicos europeus observaram, no século XIX, que as mulheres hindus são "naturalmente castas" e "mais virtuosas" do que as outras mulheres. Durante o Raj britânico, muitos reformadores, como Ram Mohan Roy, Ishwar Chandra Vidyasagar, Jyotirao Phule, etc., lutaram pela elevação das mulheres. Peary Charan Sarkar, antigo aluno do Hindu College, em Calcutá, e membro da "Young Bengal", criou a primeira escola gratuita para raparigas na Índia, em 1847, em Barasat, um subúrbio de Calcutá (mais tarde, a escola passou a chamar-se Kali Krishna Girls 'High School).

Durante este período, a posição das mulheres mudou consideravelmente. Pelo menos, houve uma tentativa de elevar o nível das mulheres e de as tratar em pé de igualdade com os homens. Durante o período britânico, a estrutura económica, social e política da Índia sofreu alterações e procurou-se eliminar as desigualdades entre homens e mulheres. As mulheres passaram a ter determinados direitos educativos, laborais, políticos e sociais. Durante este período, surgiram vários movimentos, como o movimento Bhakti, o movimento de reforma social, o movimento nacionalista, o movimento Tebhaga e o movimento Telengana, em que as mulheres desempenharam um papel preponderante. Os missionários cristãos começaram a interessar-se pela educação das mulheres. Em 1882, as Hunter Commissions deram ênfase à educação das mulheres.

A Conferência Nacional Indiana, que teve início em 1885, declarou certas deficiências relacionadas com as mulheres, como o casamento infantil, a poligamia, a venda de raparigas, a tortura humana contra as viúvas, o não acesso à educação, etc. Raja Ram Mohan Roy desempenhou um papel importante na eliminação do sistema sati e levantou a voz contra o casamento infantil. Lutou também pelo direito de herança das mulheres. Ishwar Chandra Vidyasagar lançou um movimento pelo direito das viúvas a voltarem a casar e defendeu também a educação das mulheres. Maharaja S. Rao, governante do Estado de Baroda, trabalhou em prol da prevenção dos casamentos infantis, da poligamia e da obtenção do direito à educação das mulheres e do direito das viúvas a voltarem a casar. Swami Vivekananda, Annie Besant, Mahatma Gandhi, etc. interessaram-se pelos direitos sociais e políticos das mulheres. Algumas comissões de mulheres, como a banga mahilasamaj, a sociedade teosófica das senhoras, etc., funcionavam a nível local para promover ideias modernas para as mulheres. As leis promulgadas relativas às mulheres durante este período concentraram-se principalmente nos direitos das mulheres, como o casamento, a propriedade, o emprego, etc. As leis mais importantes foram a lei sobre a limitação do casamento infantil, a lei sobre o direito de propriedade das mulheres hindus, a lei sobre a sucessão hindu, a lei sobre as fábricas, a lei sobre o seguro estatal dos trabalhadores, a lei sobre a propriedade das mulheres casadas, a lei sobre a extensão da propriedade das mulheres casadas, a lei hindu sobre a herança (lei de alteração), etc. Como já foi referido, as mulheres estiveram na vanguarda do movimento de reforma social. Houve uma grande agitação contra o sistema de sati, que levou à sua prevenção em 1829 e permitiu o novo casamento das viúvas em 1856. Em 1883, kadambinibasu e chandramukhi basu concluíram o bacharelato na Universidade de Calcutá e foram as primeiras mulheres licenciadas na Índia britânica. Durante os anos 1920-70, as mulheres indianas concentraram-se na conquista da igualdade, tornando-se activas na política e formando diferentes associações. Durante este período, algumas mulheres emergiram do seio das famílias reformadas e formaram certas organizações.

A Brahma Samaj foi estabelecida na Índia Oriental, a Arya Samaj no Norte da Índia e a Sociedade Teosófica no Sul da Índia. Uma das senhoras proeminentes a fazê-lo foi Swamakumari devi (filha de Devendranath Tagore) que formou a sociedade das senhoras em Calcutá em 1882. No mesmo ano, Ramabaisaraswati formou a arya mahilasamaj em Pune e depois a shardasadan em Bombaim. O bharat mahilaparishad foi inaugurado em 1905. Entre 1917 e 1945, as duas principais questões abordadas pelo movimento das mulheres foram os direitos políticos das mulheres e a reforma das leis pessoais. Isto deu início à formação da Associação Indiana de Mulheres em 1917 por Annie Besant. As organizações de mulheres concentraram-se em questões como o controlo da natalidade, o casamento infantil, o divórcio, a herança, o emprego de mulheres nas indústrias, a legislação civil uniforme, etc. Em 1917, Anasuyasarabhai liderou a greve dos trabalhadores têxteis de Ahmadabad e, em 1920, foi criado o sindicato dos trabalhadores das fábricas têxteis de Ahmadabad, sob a sua direção.

6.5 Período pós-britânico

Durante este período, as preocupações imediatas das mulheres não eram os direitos constitucionais, mas a realidade política. A Índia atravessou a fase da partição e milhares de homens e mulheres fugiram de um país para outro. Nesta época, as mulheres faziam parte de um novo Estado que estava a evoluir e os autores da Constituição indiana fizeram questão de garantir que as necessidades específicas das mulheres fossem satisfeitas.

7. Os autores da Constituição e a sua noção de justiça geral

Os autores da Constituição começaram o seu trabalho muito antes da independência, quando se reuniram pela primeira vez na Assembleia Constituinte, em 9 de dezembro de 1946. Os redactores da Constituição demoraram quase três anos (2 anos, 11 meses e 17 dias) a redigir a Constituição. A missão do gabinete recomendou que os membros fossem escolhidos por eleição indireta pelos membros das assembleias legislativas provinciais, tendo sido eleitos 292 membros; os membros representavam os principados e 4 membros representavam as províncias do Comissário Principal. Entre os autores da Constituição, destacam-se o Dr. Ambedkar, Pandit Nehru, Dr. Rajendra Prasad, Sardar Patel, Maulana Azad, Acharya Kriplani e Pandit Govind Pant. Em 13 de dezembro de 946, Pandit Nehru apresentou os objectivos da Constituição, através dos quais a Índia se tornou um Estado soberano, independente e republicano e a futura governação do país foi atribuída à Constituição. Outro objetivo do projeto de Constituição era garantir e assegurar a todos os indianos justiça (social, económica e política), igualdade de estatuto e de oportunidades, igualdade perante a lei, liberdade de pensamento, fé, culto, vocação, associação, ação, expressão e crença. No entanto, estes direitos estavam sujeitos à lei e à moralidade pública.

Como já foi referido, o Dr. Ambedkar foi uma das pessoas proeminentes do comité de redação da Constituição. Não só isso, como também foi o presidente da comissão de redação. Como membro do conselho legislativo, o Dr. Ambedkar levantou a sua voz sobre as questões relativas às mulheres e desempenhou um papel muito importante ao dar forma às disposições relativas à igualdade das mulheres na Constituição indiana. Mesmo antes de redigir a Constituição, o Dr. Ambedkar manifestou, através das suas obras, a sua grande preocupação com a massa feminina na Índia e defendeu a igualdade. Mediu sempre o progresso de uma comunidade à luz do progresso das mulheres.

Ambedkar, no seu artigo "Caste in India -Mechanism, Genises in development", fala da relação entre casta e género. Neste trabalho, Ambedkar deduziu que a casta foi meramente criada pelos brâmanes da Índia antiga. Estes brâmanes escravizaram as mentes das mulheres e encontraram meios de as controlar e subjugar. O Dr. Rajendra Prasad, no seu livro "correspondência e documentos selecionados", afirmou que a educação básica deveria ser dada às raparigas, incluindo as das classes mais atrasadas, e que estas deveriam ser encorajadas a ganhar a vida através de trabalho qualificado e não qualificado. Afirmou ainda que as mulheres deveriam ser incluídas nos conselhos de aldeia, nos conselhos de educação, nos órgãos locais e nas legislaturas do país e que deveriam ser incentivadas a ocupar cargos políticos. Quando a Constituição estava a ser redigida, Pandit Nehru falou sobre a liberdade de pensamento, expressão, crença, religião e culto de todos os cidadãos da Índia. Afirmou que as mulheres têm direito à igualdade e à equidade. Segundo ele, os costumes e as práticas indianas atribuíam, de forma muito inteligente, um estatuto inferior às mulheres e, nessa condição social, as mulheres não conseguiam realizar todo o seu potencial.

Assim, estas personalidades eminentes esforçaram-se por garantir que os direitos das mulheres ao abrigo da Constituição indiana fossem iguais aos dos homens e, consequentemente, elaboraram a Constituição. Foram aprovadas várias leis para garantir a igualdade de direitos das mulheres, tais como a lei sobre a proibição do casamento infantil, a lei sobre o casamento especial, a lei sobre a sucessão hindu, a lei sobre a proibição do dote, a lei sobre a igualdade de remuneração, a lei sobre a representação indecente das mulheres (proibição), a lei sobre o subsídio de maternidade, a lei sobre a proteção dos direitos das mulheres muçulmanas em caso de divórcio, a lei sobre a comissão nacional para as mulheres, a lei sobre o casamento especial, etc.

7.1 Constituição indiana e justiça de género

O preâmbulo da Constituição afirma claramente que deve ser dada igualdade a todos os cidadãos em termos de estatuto e de oportunidades. É preciso compreender que a garantia de direitos às pessoas de uma comunidade torna-se inútil se e até que esses direitos sejam usufruídos de forma igual por todos os membros da comunidade. Os autores da Constituição tinham como objetivo garantir a igualdade de estatuto e de oportunidades através do Preâmbulo. A igualdade é a pedra de toque da Constituição indiana. O preâmbulo da Constituição fala, nomeadamente, de justiça social, política e económica para todos os cidadãos do país. O preâmbulo fala de justiça social, que deve ser entendida à luz da garantia da abolição de todos os tipos de desigualdades que possam resultar da desigualdade de riqueza, estatuto, classe, casta, sexo, raça, título, etc. A justiça económica garante que cada pessoa deve receber o que lhe é devido pelo trabalho que presta, independentemente da sua casta, credo, sexo, estatuto, etc. A justiça política garante que não devem ser permitidas distinções desnecessárias entre homens e mulheres em questões políticas. Esta disposição contém em si a essência do sufrágio universal dos adultos. O preâmbulo fala da dignidade de um indivíduo e essa dignidade deve ser assegurada através da garantia de direitos fundamentais iguais para todos os indivíduos.

Uma vida digna contém em si a essência da igualdade e da liberdade. Todos os direitos fundamentais contidos na parte III da Constituição são aplicáveis a todos os cidadãos da Índia, independentemente do sexo. O artigo 14º estabelece especificamente que, no território da Índia, o Estado não negará a ninguém a igualdade perante a lei ou a igual proteção da lei.

Em seguida, o artigo (15º) estabelece que o Estado não discriminará nenhum "cidadão" apenas por motivos de religião, raça, casta, sexo, local de nascimento ou qualquer um deles. A disposição estabelece ainda que a religião, a casta, o sexo, o local de nascimento, a raça ou qualquer um deles não pode ser o "único" motivo pelo qual uma pessoa é sujeita a qualquer incapacidade, responsabilidade, restrição ou condição e, por conseguinte, a abertura de locais públicos.

Assim, a alínea l) do artigo 15º proíbe a discriminação em razão do sexo. Contudo, alguns direitos fundamentais contêm disposições específicas para proteger os direitos das mulheres. Vale a pena mencionar aqui que o princípio da igualdade não significa que a mesma lei deva ser aplicada a todos, mas sim que se trata de igualdade de tratamento em circunstâncias iguais.

Assim, o nº 3 do artigo 15º discrimina positivamente a favor das mulheres e permite que o Estado adopte disposições especiais para elas. O n.º 3 do artigo 15.º deve ser entendido à luz da "igualdade de tratamento em circunstâncias iguais" ou da "igualdade entre iguais".

Os autores da Constituição compreenderam muito bem que, na sociedade indiana de então, as mulheres não tinham um estatuto político, económico e social igual ao dos homens. Sentiram a necessidade de elevar as mulheres e de as colocar sob o mesmo sol.

Assim, o nº 3 do artigo 15º valida a discriminação positiva e não é de modo algum contraditório com o nº 1 do artigo 15º. 65O artigo 16º fala de igualdade de oportunidades no caso do emprego público. A igualdade de oportunidades de emprego significa igualdade de acesso aos empregos e às condições de trabalho. Também contém em si a essência da igualdade de avaliação do desempenho. Deve notar-se aqui que o artigo 16.º fala apenas de emprego ou nomeação para qualquer cargo público. Por questões relacionadas com o emprego entende-se todas as questões anteriores ou posteriores ao emprego que estão relacionadas com o mesmo.

O artigo 23º proíbe especificamente o tráfico de seres humanos. Com base neste artigo, a legislatura aprovou a Lei sobre a Supressão do Tráfico Imoral de 1956 (atualmente designada Lei sobre a Prevenção do Tráfico Imoral de 1956), que visa abolir a prostituição e outras formas de tráfico. Paralelamente, a legislatura de Andhra Pradesh promulgou a Devdasis (Prohibition of Dedication) Act, 1988, para proibir as práticas de dedicação de mulheres a divindades e templos.

Os princípios diretores da política do Estado contidos na Parte IV da Constituição incluem muitas diretivas para o Estado melhorar o estatuto das mulheres e para a sua proteção. O artigo 39.º, alínea a), obriga o Estado a assegurar a sua política de modo a que os cidadãos (homens e mulheres) tenham direitos iguais a meios de subsistência adequados.

O artigo 39.º, alínea d), obriga o Estado a garantir salário igual para trabalho igual, tanto para homens como para mulheres. O Estado deu efeito a esta disposição através da promulgação da Lei da Igualdade de Remuneração de 1976. O artigo 39.º, alínea e), estabelece especificamente que o Estado não deve abusar da saúde e da força dos trabalhadores (homens e mulheres).

O artigo 42º obriga o Estado a adotar disposições para garantir condições de trabalho justas e humanas e para o subsídio de maternidade. Para o efeito, foi promulgada a lei relativa ao subsídio de maternidade. O artigo 44º obriga o Estado a assegurar aos cidadãos da Índia um código civil uniforme em todo o território da Índia.

O Dr. Ambedkar era a favor da reforma das leis pessoais e do estabelecimento de um Código Civil Uniforme. A primeira mulher a ocupar o cargo de Presidente do Supremo Tribunal, Leila Seth, afirmou que um código civil comum garantiria que as práticas consuetudinárias nocivas e degradantes para a dignidade da mulher pudessem ser eliminadas através de um código civil uniforme. Havia uma controvérsia quanto ao facto de um código civil uniforme retirar os direitos religiosos dos indivíduos. A esta questão, a juíza Leila Seth respondeu corretamente que o código civil uniforme não retirará os direitos religiosos das pessoas. Apenas garantirá que a mulher tenha direitos de propriedade iguais, o direito de adotar, o direito contra o divórcio arbitrário, o direito à herança e o direito contra a prática da poligamia pelo marido, mesmo que o pai ou o marido se converta a outra religião.

Através das alterações 73rd e 74th da Constituição indiana, foram previstas reservas de lugares para as mulheres nas eleições para o Panchayat e para os municípios. O artigo 243.º-D da Constituição prevê que, nas eleições diretas em cada panchayat, sejam reservados às mulheres pelo menos 1/3rd do número total de lugares.
O nº 3 do artigo 243º-T prevê a reserva de lugares para as mulheres nas eleições diretas para cada município. O artigo 5º, alínea e), estabelece, nomeadamente, que todos os cidadãos indianos têm o dever de renunciar a práticas que atentem contra a dignidade das mulheres.

7.2 Tendências judiciais e realidade prática

A justiça social é a pedra angular da Constituição indiana. Uma das suas facetas é a justiça de género. Trata-se de um conceito composto. É o direito humano das mulheres. O princípio da igualdade entre homens e mulheres está consagrado na Constituição indiana, no seu preâmbulo, nos direitos fundamentais 240, nos deveres fundamentais 241 e nos princípios diretores 242.

7.3 Direitos fundamentais e mulheres

Tal como já foi referido, a Constituição da Índia garante às mulheres todos os direitos que são concedidos aos homens. Assim, as mulheres gozam do direito à igualdade, do direito à liberdade, do direito contra a exploração, do direito à liberdade de religião, dos direitos culturais e educativos e do direito a recursos constitucionais. Vejamos agora as atitudes do poder judicial em relação às mulheres e se o poder judicial conseguiu transformar a igualdade de jure em igualdade de facto. Foi corretamente decidido no caso histórico de Nargesh Meerza contra a Air India que não pode ser negado emprego a uma mulher pelo simples facto de ser mulher. Este facto conduz à violação do artigo 14º da Constituição.

No caso em apreço, uma hospedeira de bordo da Air India contestou as regras de serviço da Air India, segundo as quais as hospedeiras de bordo estavam proibidas de se casarem num período de 4 anos a contar da data da sua admissão. O regulamento estabelecia ainda que as hospedeiras de bordo perderiam o emprego se engravidassem e que se reformariam aos 35 anos de idade (só podendo ser aberta uma exceção se o diretor-geral prolongasse o prazo por 10 anos, segundo o seu critério). O Apex Court considerou que, embora a primeira disposição seja razoável, a segunda e a terceira são cruéis, arbitrárias e inconstitucionais. No processo C.B Muthamma contra a União da Índia, foi apresentada uma petição de recurso ao Apex Court que contestava o nº 2 do artigo 8º do Regulamento (Conduta e Disciplina) do Serviço de Estrangeiros da Índia de 1961. Nesta regra, afirmava-se que uma mulher solteira, antes de se casar, deve obter a autorização do Governo e, mesmo depois do casamento, pode ser convidada a demitir-se do seu cargo em qualquer altura, se se verificar que a sua vida familiar está a afetar a sua eficiência profissional. Neste processo, o Apex Court declarou que as regras relativas à antiguidade e à promoção no Serviço de Estrangeiros da Índia eram inconstitucionais e violavam o artigo 15º da Constituição indiana.

Além disso, o tribunal considerou que as regras contêm a essência da masculinidade, como se tivesse sido feita uma tentativa de dominar o sexo mais fraco. No processo C. Rajakumari vs Commisioner of Police, Hyderabad, foi levantada uma questão perante o Supremo Tribunal de Andhra Pradesh sobre a questão de saber se os concursos de beleza que representam de forma indecente a figura e a forma do corpo de uma mulher constituem uma violação do artigo 15º da Constituição. O tribunal considerou que, se um concurso de beleza representar o corpo de uma forma indecente e prejudicial para a moralidade pública, esse concurso de beleza degrada o corpo da mulher ou qualquer parte do mesmo, o que constituiria uma violação das disposições da Lei sobre a Representação Indecente das Mulheres (Proibição) de 1986 e também uma inconstitucionalidade, uma vez que viola os artigos 14º, 21º e 51º-A.

No caso de Vishal Jeetvs Union of India, o peticionário apresentou uma petição de recurso no âmbito de um litígio de interesse público e solicitou ao tribunal que lhe desse determinadas instruções. Pretendia que o tribunal examinasse a questão das zonas de luz vermelha e da prostituição forçada. Pretendia igualmente que o tribunal examinasse o sistema de devdasi e yogins, que são sistemas famosos de dedicação de jovens raparigas a divindades e uma forma de prostituição. Tendo em conta todos os aspectos da questão que lhe foi apresentada, o Supremo Tribunal emitiu algumas instruções. O tribunal observou que, com base no n.º 1 do artigo 23.º da Constituição, o legislador aprovou a Lei sobre o Tráfico Imoral (Prevenção), de 1956, e deu determinadas diretivas aos governos estaduais e aos territórios da União para que tomassem medidas destinadas a erradicar a prostituição infantil e criassem casas de reabilitação adequadas.

No processo Suchita Srivastava e outros contra a administração de Chandigarh, a escolha da reprodução faz parte da liberdade pessoal conferida pelo artigo 21º e pode incluir a procriação, bem como a abstenção de procriação. O tribunal declarou ainda que uma mulher tem o direito de se recusar a participar numa atividade sexual.

No caso de P.B. Vijaykumar e outros contra o Governo de Andhra Pradesh, o peticionário contestou a Regra 22A(2) das Regras do Estado e dos Serviços Subordinados de Andhra Pradesh por violar os artigos 14º e 16º(4) da Constituição Indiana. A sub-regra 2 da regra relativa ao recrutamento direto para lugares para os quais as mulheres e os homens estão igualmente aptos, em igualdade de circunstâncias, deve ser dada preferência às mulheres e estas devem ser selecionadas em pelo menos 30% dos lugares em cada categoria de OC, BC, SC e ST Quota.

O peticionário argumentou que o Estado não pode fazer qualquer reserva a favor das mulheres em relação a nomeações ou cargos sob o Estado, porque isso levaria à discriminação com base no sexo no emprego público ou na nomeação para cargos sob o Estado e violaria o artigo 16º (2). O tribunal considerou que, quando se trata de emprego no âmbito do Estado, é necessário ter em conta os artigos 15º e 16º.

O tribunal declarou igualmente que o poder conferido pelo nº 3 do artigo 15º é suficientemente amplo para abranger toda a gama de actividades do Estado, incluindo o emprego no âmbito do Estado. O tribunal afirmou claramente que o nº 2 da Regra 22A prevê que seja dada preferência às mulheres até 30% dos lugares, mantendo-se os outros factores iguais, pelo que não se trata de uma reserva para as mulheres na aceção normal do termo. O tribunal considerou que esta regra se insere no âmbito do nº 3 do artigo 15º e, por conseguinte, é constitucional.

Este acórdão foi proferido por um grupo de juízes presidido pelo juiz Manohar Sujata. A sua argumentação era que, uma vez que as mulheres da Índia têm sido social e economicamente prejudicadas durante séculos, não estavam adequadamente representadas nas actividades socioeconómicas da nação e, por conseguinte, o nº 3 do artigo 15º visa promover a igualdade entre homens e mulheres. Assim, a preferência pelas mulheres em 30% é justa à luz do nº 3 do artigo 15º. A juíza Sujata, sendo ela própria uma juíza, pode ter sido um pouco tendenciosa ao anular o acórdão do Tribunal Superior, uma vez que este anula a segunda parte da Regra 22A(2).

Do mesmo modo, no processo Vijay Lakhmi contra a Universidade de Punjab e outros, foi levantada a questão da preferência dada a uma mulher como diretora de um colégio público para raparigas. Afirmou-se que esta atitude preferencial violava o direito à igualdade. No entanto, o tribunal considerou que o artigo 14º não impede a classificação racional e que a questão da desigualdade não se coloca se existirem diferentes conjuntos de circunstâncias. Além disso, o nº 3 do artigo 15º autoriza o Estado a adotar disposições especiais para as mulheres e as crianças. O tribunal proferiu a sua decisão à luz da natureza das funções atribuídas a um diretor em relação às raparigas estudantes e, por conseguinte, considerou que a nomeação de uma diretora no Women's College ou de uma professora no mesmo não pode ser considerada uma violação do artigo 14º ou do artigo 16º da Constituição, uma vez que a classificação é razoável e tem uma relação com o objetivo que se pretende alcançar. O tribunal, ao tratar deste caso, remeteu para o processo P.B. Vijaykumar, em que o tribunal tinha tratado de uma situação semelhante.

No processo Abdul Aziz contra o Estado de Bombaim80 , a validade constitucional da Secção 497 (adultério) do Código Penal Indiano foi contestada com base no facto de violar o artigo 14º e o nº 1 do artigo 15º da Constituição. No caso de um crime de adultério, o Código Penal Indiano de 1860 pune apenas o homem e isenta a mulher de pena. O peticionário argumentou que esta secção viola o princípio do direito à igualdade, porque, apesar de, em caso de adultério, a mulher ser tão responsável como o seu homólogo masculino, está isenta dos olhos da lei.

Se lermos o artigo 497.º do Código Penal Indiano, verificamos que este artigo pune o crime de adultério cometido com uma mulher casada sem o consentimento do seu marido. Assim, se uma relação sexual ocorrer entre um homem casado e uma mulher solteira, ou uma viúva, ou uma mulher casada cujo marido dê o seu consentimento, o crime não será considerado. Assim, o peticionário argumentou que esta secção pretende fazer uma classificação irracional entre homens e mulheres.

No entanto, o Apex Court rejeitou a alegação e afirmou que é uma noção comummente aceite que é o homem que é o sedutor e não a mulher. Além disso, a classificação não se baseia apenas no sexo.

Este argumento apresentado pelo tribunal é ridículo, porque quando duas pessoas adultas entram numa relação adúltera, trata-se de uma relação consensual. A Comissão Nacional para a Mulher recusou as propostas de alteração do artigo 497.º do Código Penal Indiano, porque a sua argumentação é que, ao punir as mulheres, o casamento não pode ser salvo. Além disso, na sociedade atual, a maioria das mulheres casadas ainda não tem poder de decisão. A prisão de uma mulher destruirá ainda mais a sua vida familiar e social.

Assim, vemos que, através desta secção, o legislador pretende salvaguardar a instituição do casamento e que, se uma mulher for considerada igualmente responsável por um ato adúltero como o do seu homólogo masculino, será estigmatizada, a sua vida familiar ficará arruinada e, uma vez que as mulheres são as únicas salvadoras da instituição do casamento, isso conduzirá também a uma rutura dessa instituição. É evidente, a partir da discussão acima, que as mulheres ainda hoje são entendidas à luz dos homens, da família e da sociedade. Ela não é entendida como um ser humano livre e razoável, capaz de dar o seu consentimento em caso de adultério e de compreender as consequências desse consentimento.

luz desta discussão, Leela contra o Estado de Kerala exige uma atenção especial. Neste caso, a Sec-66(l)(b) da Lei das Fábricas foi contestada com base no facto de violar os artigos 14º, 15º e 16º da Constituição indiana. Mas a petição foi indeferida com base no facto de a secção 66(l)(b) conter em si uma disposição especial a favor das mulheres.

O Tribunal Superior de Kerala considerou que a lei sobre as fábricas é um ato legislativo de bem-estar social e que o objetivo básico da secção 66(l)(b) é regular o horário de trabalho. A secção garante que as mulheres não sejam afastadas das suas famílias ou expostas a trabalhos perigosos nas fábricas durante a noite. O tribunal também considerou que a própria natureza das mulheres é o compromisso com a família e, por conseguinte, não se pede às mulheres policiais que façam patrulhas à noite, nem às empregadas de mesa dos hotéis que trabalhem à noite.

Deste ponto de vista do tribunal, é estabelecida a realidade social da chamada mulher moderna. O papel da mulher continua a ser calculado na esfera da sua maternidade, da sua esposa e da sua única protetora da família. Não se atribui o mesmo tipo de papel ao seu homólogo masculino. Assim, ela é e deve ser sempre entendida à luz de um homem.

No entanto, vale a pena mencionar que o Tribunal adoptou uma posição diferente no processo Smt. Savitri vs Bose. Neste caso, a decisão das autoridades responsáveis pelos impostos especiais de consumo de preferir os homens às mulheres na concessão de licenças para a abertura de lojas de bebidas alcoólicas foi anulada. O Allahabad High Court considerou que tal discriminação não era permitida ao abrigo da alínea l) do artigo 15º e do nº 3 do artigo 15º da Constituição.

7.4 Os princípios diretivos e as mulheres

Os princípios diretores da política estatal consagrados na parte IV da Constituição indiana contêm certas disposições relativas ao bem-estar e ao desenvolvimento da mulher. Os autores da Constituição proibiram o trabalho forçado sob qualquer forma, incluindo a mendicidade e o tráfico de seres humanos, ao abrigo do artigo 23º. No processo Neeraja Chowdary contra o Estado de Madhya Pradesh, o juiz Bhagwati sustentou que as mulheres e as crianças não podem ser obrigadas a trabalhar em condições anti-higiénicas, uma vez que se trata de um tipo de trabalho forçado, proibido nos termos dos artigos 21º e 23º da Constituição.

No processo Randhirsingh vs Union of India, o Apex Court falou sobre a doutrina do salário igual para trabalho igual. Considerou-se que a doutrina é aplicável tanto aos homens como às mulheres. O artigo 39º, alínea d), da Constituição indiana estabelece que, para trabalho igual, deve haver salário igual para homens e mulheres. Mas o artigo

37º, pelo contrário, estabelece que os princípios diretores não são de natureza vinculativa. No entanto, quando a fixação das tabelas salariais dos funcionários públicos se baseia numa classificação não razoável que viola os artigos 14º e 16º da Constituição, os tribunais podem aplicar a doutrina de salário igual para trabalho igual. Assim, o tribunal considerou que a igualdade declarada34 está consagrada nas disposições da Lei da Igualdade de Remuneração de 1976.

Mais uma vez, no processo Bhagwan Das contra o Estado de Haryana, o Supremo Tribunal declarou que, quando as pessoas efectuam um tipo de trabalho semelhante em condições semelhantes, não lhes pode ser negado o direito a salário igual por trabalho igual com base no facto de o seu modo de recrutamento ser diferente. Além disso, o tribunal declarou que os trabalhadores temporários ou ocasionais têm direito a uma remuneração igual à dos trabalhadores permanentes se efectuarem um tipo de trabalho semelhante em condições semelhantes.

7.5 Os deveres fundamentais e as mulheres

Vimos que o artigo 5º, alínea g), exige que os cidadãos da Índia renunciem a práticas que sejam derrogatórias da dignidade das mulheres. Mas esta disposição parece contraditória com o artigo 51º-A (f), que exige que os cidadãos indianos preservem o rico património da nossa cultura composta. Da discussão pormenorizada acima referida na parte introdutória deste documento, parece evidente que os costumes e práticas que foram preservados pela cultura indiana nunca consideraram a mulher como um indivíduo livre e independente, exceto durante o período védico inicial. A cultura indiana sempre definiu a mulher à luz do homem, como se ela não fosse o sujeito, como se não fosse essencial. Foi sempre considerada como um acessório e a sociedade atribuiu diferentes cores à mulher em diferentes fases.

No entanto, muitos filósofos defendem que os modelos religiosos sobre a relação homem-mulher consideravam efetivamente uma posição dominante da mulher. 88O modelo Shiva-Shakti da filosofia Saiva diz que tanto os homens como as mulheres são iguais. 89 O modelo Shiva-Shakti da filosofia Shakta fala de uma forma de vida em que a posição da mulher é mais elevada do que a do homem. O modelo Brahma-maya não conota qualquer estatuto separado para as mulheres porque maya não pode ser diferenciado de brahma. No entanto, o modelo Purusha-prakti dá ênfase às diferenças entre um homem e uma mulher.

Assim, vemos que nas escrituras religiosas e através da cultura indiana, a mulher, por um lado, tem sido considerada como uma fonte de Shakti e Prakti - que é a criadora e também a destruidora; que é a matéria indestrutível deste universo; enquanto que, por outro lado, é considerada como Maya - que é a fonte da procriação. Maya não tem qualquer existência independente e só funciona para o gozo lúdico de Brahma. Assim, podemos inferir que a própria cultura indiana é contraditória por natureza.

CAPÍTULO 8

8 Direitos políticos e mulheres

O Parlamento foi bem sucedido nos seus esforços para prever a reserva de lugares para as mulheres nas eleições para o Panchayat e para as autarquias. A reserva de lugares para as mulheres nos Panchayats e nos municípios está prevista nos artigos 243º-D e 243º-T da Constituição da Índia. As partes IX e IXA foram acrescentadas à Constituição pelas leis de alteração 73rd e 74th com os artigos 243º, 243A a 243ºD e 243ºP a 243ºZG. De acordo com o nº 3 do artigo 243º-D, "pelo menos um terço (incluindo o número de lugares reservados às mulheres pertencentes às castas e tribos registadas) do número total de lugares a preencher por eleição direta em cada Panchayat será reservado às mulheres e esses lugares podem ser atribuídos rotativamente a diferentes círculos eleitorais de um Panchayat. O nº 3 do artigo 243º-T da Constituição prevê disposições semelhantes para a reserva de lugares para as mulheres nas eleições diretas para o governo.

A legislação estatal prevê igualmente, por força do mandato constitucional, que o cargo de presidente e os presidentes de certas corporações municipais e municípios, Zila Panchayats e Janpad Panchayats sejam reservados às mulheres. Importa referir que a lei relativa à proteção dos consumidores prevê que um dos membros seja uma mulher e que a lei relativa ao tribunal de família dá preferência à nomeação de mulheres.

Por vezes, coloca-se a questão de saber até que ponto a igualdade deve ser alargada. As pessoas que colocam esta questão elementar esquecem-se, ou fazem-no deliberadamente, de que todos os homens são bons iguais; e a divisão da sociedade entre homem e mulher é obra do chauvinismo masculino. Há que ter em conta que, na ausência de igualdade de género, os direitos humanos permanecem num domínio inacessível. Na maioria das nações, é atribuído às mulheres um papel secundário. O papel secundário tem de ser metamorfoseado em papel primário para colocar a mulher num patamar de igualdade. Para o conseguir, é necessário adotar uma perspetiva diferente no direito. A mudança de perceção é absolutamente essencial e, de certa forma, obrigatória. Por esta razão, foram introduzidas na Constituição várias disposições que conferem direitos especiais e iguais às mulheres. Atualmente, é essencial sentarmo-nos numa máquina do tempo e penetrarmos no passado.

No processo P.B. Vijaya Kumar, o Tribunal considerou válida a legislação adotada pelo Estado de Andhra Pradesh que previa a reserva de 30% dos lugares para as mulheres nos órgãos locais e nos estabelecimentos de ensino e considerou que o poder conferido ao Estado ao abrigo do nº 3 do artigo 15º é tão amplo que abrange os poderes para adotar disposições legais especiais para as mulheres em matéria de emprego ou de educação. Este poder exclusivo é parte integrante do nº 3 do artigo 15º e, por conseguinte, não se sobrepõe ao artigo 16º da Constituição.

No processo Rakesh Kumar Gupta , o Tribunal, concordando com o ponto de vista do Tribunal Superior de Allahabad no que diz respeito à reserva de 50% a favor de uma candidata do sexo feminino, declarou o seguinte: "O Tribunal de Divisão considerou que o nº 3 do artigo 15º da Constituição permite ao Governo do Estado adotar disposições especiais para as mulheres e as crianças, não obstante a proibição prevista no nº 1 do artigo 15º. Tendo em conta, em particular, o facto de um grande número de raparigas com menos de 10 anos serem ensinadas na escola primária e reconhecendo que seria preferível que essas raparigas fossem ensinadas por mulheres, a reserva de 50% dos lugares a favor das candidatas foi considerada justificada. A classificação efectuada era justificada e não pode ser considerada arbitrária ou suscetível de ser atingida pelo artigo 14º".

No Estado de Madhya Pradesh, foi introduzida uma alteração na Lei de 1956 relativa às corporações municipais de M.P. e na Lei de 1962 relativa aos municípios de M.P., aumentando a reserva a favor das mulheres de 30% para 50% nas corporações municipais e nos municípios. A validade constitucional das disposições alteradas foi contestada com base nos artigos 14º e 15º da Constituição da Índia. No processo Ashok Kumar Malpani, o Tribunal Superior, após ter referido o conceito de reserva e as decisões relativas à reserva em vários domínios, confirmou a validade constitucional. Nesse contexto, o Tribunal observou: "A legislação, na nossa opinião, constitui uma verdadeira e profunda incursão no sentido de incentivar a participação das mulheres no processo de tomada de decisões a nível da democracia. Na Índia, as mulheres são chamadas a participar mais numa estrutura democrática, em especial numa política democrática de base. Não é por acaso que se diz: "educa um homem e educas um indivíduo; educa uma mulher e educas uma família".

A queixa colossal feita pelo douto advogado dos peticionários de que, se as mulheres entrarem na arena do processo de tomada de decisões, isso será um amthema para a estrutura administrativa, uma vez que os burocratas assumirão a administração devido às inadequações das mulheres, na nossa opinião, é um pensamento prematuro baseado em noções a priori e para além do âmbito da tolerância constitucional. A democracia é uma caraterística básica da nossa Constituição e tem de se desenvolver a partir do nível da realidade no terreno. A participação das classes social e educacionalmente mais desfavorecidas e das mulheres poderia efetivamente alimentar e fomentar a democracia no país. Note-se que, embora a questão da equidade entre os sexos tenha vindo a ganhar terreno em muitas nações e em muitas regiões desde há alguns séculos e a visão tradicional da injustiça entre os sexos tenha sido tranquilizada e tratada como um acontecimento de tempos idos, a doença persiste e merece ser remediada.

Não seria inapropriado afirmar aqui que, se a dinâmica da reserva de mulheres for entendida numa perspetiva adequada, será bastante claro que o número de mulheres representantes em vários níveis da configuração democrática é realmente muito baixo. Numa democracia onde reina o Estado de direito, a política democrática só pode progredir numa sociedade cultivada. É absolutamente imperativo contar com a ajuda das mulheres, que gozam de certos direitos. A verdade é evidente e foi assim que os pais da Constituição a entenderam.

O Tribunal Superior acabou por decidir que o artigo 243.º-T não estabelece um limite máximo ao utilizar a expressão "não inferior a 1/3rd ". De facto, prescreve a reserva mínima, mas não cria qualquer tipo de impedimento por parte da Assembleia Legislativa do Estado para aumentar a percentagem de reserva para as mulheres e que a posição dos peticionários segundo a qual, se a reserva de lugares para as mulheres até 50% for mantida, dará origem a uma má governação, uma vez que a estrutura burocrática assumiria toda a decisão política, é totalmente infundada e, de facto, absolutamente prematura.

8.1 Direitos das mulheres ao abrigo do direito penal na Índia

O Código Penal Indiano de 1860 (IPC) e a Lei de Provas Indiana de 1872 prevêem várias disposições relativas aos crimes contra as mulheres.

a. Código Penal Indiano

Outra lei que protege as mulheres contra um crime aparentemente mais brando é a secção 509 do IPC. Esta lei pune os indivíduos que tenham insultado a modéstia de uma mulher. A linguagem ofensiva, os sons, os gestos e a intrusão na privacidade de uma mulher são puníveis ao abrigo desta lei. O ultraje ao pudor de uma mulher também é punível ao abrigo da Secção 354 do IPC. A secção 306 do IPC pode punir o marido da vítima de suicídio com uma pena de prisão até 10 anos, se for considerado culpado.

O artigo 496.º pune os casamentos fraudulentos ou simulados. Nos termos da Secção 497, em caso de adultério, a mulher não é punível como cúmplice da infração menor. A secção 354 do IPC torna punível uma agressão ou uso de força criminosa contra qualquer mulher com a intenção de ultrajar, ou sabendo que é provável que venha a ultrajar, a sua modéstia. O artigo 312.º prevê a punição por provocar um aborto espontâneo, se esse aborto não for provocado de boa fé com o objetivo de salvar a vida da mulher. As secções 375 e 376 do Código tratam do crime de violação. A primeira descreve a infração, enquanto a última é uma secção punitiva. As actuais secções 375 a 376(D) tratam da infração. Em nenhuma parte da lei se encontra a palavra "*agressão sexual*".

O artigo 228.º-A prevê a punição de uma pessoa que divulgue os nomes ou a identidade da vítima de violação. A Secção 498 - A prevê a punição de crueldade contra uma mulher por parte do seu marido ou dos seus familiares. Os artigos 292º, 293º e 294º prevêem a punição da venda e exposição de objecções a livros obscenos e de actos obscenos em locais públicos. A secção 304(b) trata do homicídio de mulheres relacionado com a exigência de dote. As secções 312 a 318 tratam da punição por provocar aborto espontâneo. A Secção 354 prevê a punição de ultraje à modéstia de qualquer mulher, a Secção 366 trata do rapto para casamento contra a sua vontade. A secção 366-A trata da procura de raparigas menores para fins sexuais. A secção 376 trata da punição da violação. A secção 494 protege as mulheres da bigamia. A secção 497 trata da proteção das mulheres casadas contra o adultério. A secção 498-A do Código Penal indiano trata da submissão das mulheres a crueldade por parte do marido ou de familiares e do marido e a secção S.509 prevê a punição de palavras, gestos ou actos destinados a insultar a modéstia de uma mulher.

b. Código de Processo Penal de 1973

Nos termos do artigo 125.º do Código de Processo Penal, a mulher tem direito a alimentos.

c. Lei indiana sobre as provas

O artigo 114.º-A da *Lei indiana sobre a prova* prevê a presunção de que, quando o arguido tem relações sexuais com a testemunha e esta alega ter sido violada, o tribunal presume que ela não consentiu.

8.2 Lei de 1983 relativa ao direito penal (alteração)

Em 1983, o legislador aprovou a Lei de Alteração do Direito Penal, que criou a presunção de refutação em casos relacionados com a violação sob custódia. O Governo introduziu alterações que estipulam que a pena para a violação sob custódia não deve ser inferior a sete anos de prisão, prevê a realização de processos à porta fechada e torna a divulgação da identidade das vítimas um ato punível.

8.3 Direitos das mulheres ao abrigo das leis pessoais na Índia

a. Lei hindu sobre a pensão de alimentos por adoção, 1956

A Secção 18-A prevê a obrigação de o marido sustentar a mulher. O n.º 2 da Secção 18 prevê o direito de a mulher viver separadamente e a Secção 19 prevê o sustento da viúva pelo sogro.

b. Lei das Sucessões Hindus, 1956

A secção 14 da lei prevê que a propriedade da mulher hindu seja a sua propriedade absoluta.

c. Lei da Minoria Hindu e da Tutela de 1956

A secção 6 da lei prevê a existência de outro tutor natural para os menores de 5 anos.

8.4 Direito das mulheres ao abrigo da legislação laboral da Índia

A Lei sobre a Igualdade de Remuneração, de 1976, prevê direitos humanos contra a exploração, o direito a subsídios de maternidade, instalações nas fábricas para as mulheres trabalhadoras, salário igual para trabalho igual ao dos homens. Os subsídios de maternidade devem ser concedidos às mulheres.

8.5 Direito ou privilégio?

Devido à estrutura física da mulher, ao seu papel, ao seu estatuto e à situação atual da sociedade indiana, as mulheres beneficiam de uma proteção especial ao abrigo da lei. Na sociedade indiana, a mulher é analfabeta, irracional e ignora os seus direitos legais. A sua mente é escravizada pela estrutura patriarcal da sociedade. Ela é economicamente dependente e politicamente sub-poderosa. A situação dos homens e das mulheres na sociedade indiana é diferente. Como sabemos, o Estado pode tratar pessoas diferentes de forma diferente se as circunstâncias forem desiguais. Aristóteles falava do princípio de tratar o semelhante como semelhante e o diferente como diferente. A mulher é diferente do homem. A sua condição social é diferente da do homem. As mulheres, enquanto classe, diferem dos homens enquanto classe. Por isso, devem ser tratadas separadamente. Devem ser tratadas de forma especial. O nº 3 do artigo 15º pode tratar as mulheres separadamente e dar-lhes mais preferência, desde que o objetivo seja a criação de uma sociedade igualitária. O n.º 3 do artigo 15.º é conhecido como discriminação protetora.

Uma mulher que faz parte de uma classe mais fraca, uma mulher que faz parte de uma secção menos poderosa da comunidade, tem de ser protegida. A sua dignidade deve ser salvaguardada pelo Estado. No processo Dattatreya Motiramvs State of Bombay, o Juiz Presidente Chagla considerou que "o Estado podia discriminar as mulheres em relação aos homens, mas não podia discriminar os homens em relação às mulheres, porque os homens são intrinsecamente superiores. Do mesmo modo, no processo Balan Nair contra Bhavani Amma, o Supremo Tribunal de Kerala observou que o nº 3 do artigo 15º e o artigo 39º têm por objetivo ajudar as mulheres e as crianças em dificuldades. O Estado está habilitado a adotar leis especiais para as mulheres, a fim de garantir a liberdade e a igualdade das mulheres e proteger a sua dignidade. Através dos pronunciamentos judiciais, é evidente que o tribunal tentou o seu melhor para ser mais atencioso para com as mulheres. No entanto, tem olhado repetidamente para as mulheres à luz dos homens. Como vimos no processo Abdul Aziz, o Apex Court olhou para a mulher à luz da sua família, dos seus deveres para com a família e a sociedade e o único objetivo do tribunal era salvaguardar a instituição do casamento. Do mesmo modo, no processo Leela, o Supremo Tribunal de Kerala assegurou que as mulheres dedicassem tempo às suas famílias à noite, depois de trabalharem nas fábricas durante todo o dia. Isto deve-se ao facto de a sociedade assim o exigir.

Uma mulher nunca pode ser pura consciência. Ela nunca pode ser livre e ter uma existência independente. Ela não deve ter o seu próprio objetivo de vida e toda a sua existência deve ser para o bem do homem, da família e da sociedade. O que a sociedade pode fazer é dar privilégios especiais à mulher para salvaguardar as suas qualidades femininas, a sua dignidade e a sua modéstia. O seu bem-estar físico é uma preocupação do tribunal e de interesse e cuidado público. É um privilégio para ela. O objetivo do direito à igualdade é a igualdade de direitos políticos, económicos e sociais das mulheres. A igualdade e a libertação da mulher devem ter como objetivo a transformação das sociedades em que a mulher pode decidir o papel a desempenhar, incluindo os papéis tradicionais, se assim o entender. A igualdade deve ter por objetivo mudar a perspetiva da sociedade em relação à mulher. Deve ter como objetivo mudar a posição social da mulher. Também contém em si a construção da autoestima de cada um. O que o poder judicial fez foi conceder medidas especiais temporárias às mulheres, tendo em conta as antigas relações de género. O poder judicial deveria ter como objetivo a igualdade no verdadeiro sentido do termo e não conceder privilégios especiais às mulheres, tendo em conta a sua condição social difícil. Deveria ter como objetivo alterar a atual condição social e inverter as desvantagens históricas que as mulheres enfrentaram. No entanto, para as mulheres pertencentes a grupos socialmente desfavorecidos, como os dalits, as tribais, as minorias religiosas, as pessoas com deficiências, etc., o poder judicial pode conceder certos direitos sob a forma de privilégios.

9 Violência contra as mulheres na Índia

Ao longo dos tempos, as mulheres na Índia têm sido vítimas de humilhação, tortura e exploração desde que a história é conhecida. Desde tempos imemoriais que se registam incidentes de homicídio, violação, rapto e tortura. Apesar de um passado tão sombrio, a violência contra as mulheres não tem merecido muita atenção e, mais ainda, não foi feita qualquer tentativa para perceber por que razão um assunto tão relevante do ponto de vista social tem sido negligenciado e ignorado. A vitimização das mulheres na Índia começa desde o momento do seu nascimento. Os rapazes são preferidos às raparigas. Na maioria dos casos, o nascimento de uma rapariga não deixa felizes nem mesmo os pais da criança, para não falar dos outros membros da família. Pelo contrário, o nascimento de um filho é celebrado com entusiasmo, com bênçãos derramadas sobre o casal por todos os membros da família, amigos e vizinhos. Se uma mulher der à luz duas ou três filhas por acaso, é obrigada a baixar a cabeça de vergonha. É sujeita a abusos e a todo o tipo de maus tratos, especialmente por parte dos sogros. Muitas mulheres suicidaram-se por estarem fartas das torturas dos sogros e dos maridos por não poderem dar à luz um filho para a família. São inúmeros os casos em que os pais abandonam os bebés do sexo feminino à porta de algum orfanato ou hospital ou em parques e dizem adeus à criança para sempre. Há uma variedade de formas sociais, económicas, legais e psicológicas de vitimização contra as mulheres. Vivemos numa sociedade em que os homens detêm a maioria das instituições.

A nível económico, as mulheres são discriminadas no mercado de trabalho. A estereotipagem dos papéis sexuais vitimou e "aprisionou" um certo número de mulheres. Muitas vezes, as mulheres foram vitimadas pela instituição do casamento, na qual, embora já não sejam identificadas como propriedade, continuam a ser reprimidas por práticas socioculturais implícitas e encobertas. Nalguns casos, no decurso de uma relação conjugal, as mulheres têm sido exploradas física, emocional e sexualmente pelos maridos. A profissão de saúde tem infligido às mulheres "danos" mentais e físicos.

As pessoas sempre se sentiram profundamente perturbadas com a violência contra as mulheres, mas nunca compreenderam bem o que é que faz com que o sentimento de dor transmitido pelo termo violência seja mais doloroso do que qualquer outra dor, o sentimento de medo seja mais espantoso e o terror mais aterrador do que qualquer outro. As mulheres sofrem e são obrigadas a sofrer de muitas maneiras: Em termos comportamentais, a violência contra as mulheres vai desde a simples supressão até aos abusos, agressões, explorações e opressão severa. Conhecemo-la como o infanticídio feminino, o aborto do feto feminino, a negligência e a subnutrição da criança do sexo feminino, a negação da educação às raparigas, a violação, o casamento antes da puberdade, o espancamento da esposa, o assédio de uma noiva que leva ao seu suicídio ou assassinato.

O Thesaurus acrescenta algumas dimensões adicionais ao conceito oferecido pelos dois dicionários. Indica que o substantivo violência pode indicar veemência, impetuosidade, vigorosidade, excesso de destrutividade, vandalismo, turbulência, tumulto, aspereza, severidade, força bruta, brutalidade, selvajaria, impiedade, exacerbação, explosão. O adjetivo "violento" é explicado, entre outros, pelos termos agressivo, carregado, desordenado, turbulento, tempestuoso, anarquista, niilista, intemperante, imoderado. A violência submete as mulheres não só à servidão e à subordinação, mas também as mantém num estado de desespero e de desumanização na dignidade e na intimidação, no terror e na humilhação. A violência é um ato de agressão que ocorre geralmente na interação ou nas relações interpessoais. Pode também ser uma agressão de uma mulher contra si própria, como o suicídio, a auto-multilação, a negligência de doenças, os testes de determinação do sexo, a recusa de alimentos, etc. Basicamente, a violência põe em causa o conceito de manutenção de fronteiras (Nedelsky 1990) e o sentido do eu, bem como a perceção da autonomia e da identidade do outro. Implica que quando o corpo - e de facto o eu - é vulnerável à violação, os indivíduos têm uma noção muito diferente de "O que é o corpo de uma pessoa e o que é feito ao seu corpo" (Lit ke 1992: 174). Os estudiosos indianos dos estudos sobre as mulheres têm enfatizado a dinâmica de poder e impotência envolvida num ato violento. Trata-se de um mecanismo coercivo "para fazer valer a vontade de uma pessoa sobre outra, para provar ou para ter uma sensação de poder". (Lit ke 1992).

A violência contra as mulheres pode assumir a forma de abuso físico ou sexual extremo ou de tortura emocional, psicológica e mental. A violência pode ser perpetuada por membros da família sob a forma de espancamento, criando uma dependência total do chefe de família para as necessidades pessoais, restrições à mobilidade, ameaça de violência física, falta de alimentação suficiente para as mulheres ou violação conjugal (sexo forçado com a mulher, contra a sua vontade). As mulheres também são vítimas de violência em espaços públicos, que pode ir desde comentários obscenos, molestação e violação. No local de trabalho, as mulheres podem ser vítimas de assédio sexual, quando lhes são exigidos favores sexuais em troca de oportunidades de trabalho por parte dos empregadores ou de pessoas em posições de autoridade, ou de discriminação em função do género em matéria de promoções, estrutura salarial, etc. O assédio sexual contém elementos de coerção, ameaça e/ou atenção não desejada numa relação não recíproca. Violência física, sexual e psicológica que ocorre na família, incluindo espancamento, abuso sexual de crianças do sexo feminino no agregado familiar, violência relacionada com o dote, violação conjugal, mutação genital feminina e outras práticas tradicionais nocivas para as mulheres; violência não conjugal e violência relacionada com a exploração Violência física, sexual e psicológica que ocorre na comunidade em geral, incluindo violação; abuso sexual, assédio sexual e intimidação no trabalho em instituições de ensino e noutros locais; tráfico de mulheres e prostituição forçada. Violência física, sexual e psicológica Perpetrada ou tolerada pelo Estado (Banco Mundial, 1994).

9.1 Classificação do crime segundo a lei

A. **Crimes identificados no Código Penal Indiano IPC**
1. Violação (Secção 376 do IPC)
2. Rapto e sequestro (secções 363 e 373)
3. Homicídios por dote (secções 302 e 304B).
4. Tortura física e mental (Secção 498-A).
5. Molestação (Secção 354).
6. Perseguição de raparigas ou assédio sexual. (Secção 509).
7. Importação de raparigas (Secção 366-B   ).
8. Homicídio (com exceção dos homicídios por dote (Secção 302).

B. **Crimes identificados ao abrigo das leis especiais (SL)**
1. Tráfico imoral (Lei de 1956)
2. Exigir um dote (Lei de 1961)
3. Comissão de Sati (Lei de 1987)
4. Representação indecente de mulheres (Lei de 1986)

9.2 Casamento Relação

As mulheres que se casam numa idade mais jovem correm maior risco de sofrer violência física. A presença ou ausência de filhos na família é suscetível de afetar a quantidade de relações entre marido e mulher. As percentagens mais elevadas de violência física foram registadas nos agregados familiares que não tinham filhos, o que pode ser atribuído à sua idade mais jovem e à incapacidade das mulheres para terem filhos, uma vez que os filhos são valorizados na sociedade indiana e as mulheres que não podem ter filhos são ridicularizadas. Numa sociedade patriarcal como a indiana, é dada maior importância ao filho homem. A mulher não só é considerada um risco devido aos problemas de dote que lhe estão associados, como também as mães que dão à luz apenas crianças do sexo feminino não são muito respeitadas na família, em comparação com as que dão à luz crianças do sexo masculino. A presença de um grande número de membros na família não só cria o problema de ajustamento, mas também actua como instigador de maus tratos à mulher.

Quanto mais jovem for a idade de casamento da mulher, maior é a possibilidade de ser agredida. Quanto mais jovem for a idade da mulher, maiores são as probabilidades de ela ser vítima de violência física. A ausência de filhos é suscetível de resultar em maus tratos à mulher. O homem tem mais facilidade em casar de novo após o divórcio ou a separação do que a mulher. Esta prática discriminatória perpetua a dependência subjectiva das mulheres. A própria base de uma família feliz reside numa relação cordial entre marido e mulher.

Afecta todas as crianças, o lar e a família. Uma relação cordial faz com que os filhos se sintam mais seguros em casa e se relacionem melhor com tudo, ao passo que uma relação não cordial os torna aborrecidos e ineficazes. O sofrimento da mulher não deve ser esquecido. Assim, o conflito conjugal só contribui para a desorganização familiar e tem consequências negativas na educação dos filhos. Devido às relações de género ao longo dos tempos, as mulheres são utilizadas como instrumentos de reprodução sem qualquer estatuto independente fora da família, mantendo assim a desigualdade sistémica ao longo do tempo. Diversos estudos efectuados em todo o mundo revelam que o espancamento da mulher é a forma mais popular de violência. Os maridos recorrem à violência contra as mulheres para reforçar a sua posição dominante. Sendo mulheres, toleram a tortura, guardando-a silenciosamente para si próprias, por vezes para manter intacto o tecido familiar.

Porque é que o marido bate na mulher ou porque é que há abuso de mulheres domésticas: algumas razões: Lares de origem violentos, rendimento e violência doméstica, situação profissional, consumo e abuso de álcool, relações de poder desequilibradas.

9.3 Lei de Proteção das Mulheres contra a Violência Doméstica de 2005
ACTO 43 DE 2005

A Lei sobre a Proteção das Mulheres contra a Violência Doméstica de 2005, aprovada pelo Lok Sabha em 24th de agosto de 2005 e pelo Rajya Sabha em 29th de agosto de 2005, recebeu o parecer favorável do Presidente da Índia em 13 de setembro de 2005 e passou a constituir a **Lei sobre a Proteção das Mulheres contra a Violência Doméstica de 2005 (43 de 2005).**

9.4 Lei sobre a proteção das mulheres contra a violência doméstica, 2005 (43 de 2005) Lei sobre a violência doméstica de 2005: Antecedentes históricos

Uma mulher indiana comum está sujeita a todos os condicionalismos sociais a que os homens não estão sujeitos. É educada com os valores para viver uma vida casta, justa e moral. Ela é o ijjat da família e este ijjat está frequentemente relacionado com o facto de se manter virgem antes de casar. Com esta educação, não é fácil para uma mulher revelar que foi vítima de violação. Não há garantias de que a família a apoie e que ela seja aceite na sociedade com dignidade. Perante esta situação, o Parlamento conferiu agora às mulheres indianas o poder de se protegerem contra qualquer tipo de violência que ocorra no seio da família. Por conseguinte, há razões para aplaudir a promulgação da Lei sobre a Proteção das Mulheres contra a Violência Doméstica, de 2005. Esta legislação inovadora visa proteger as mulheres de todas as formas de violência doméstica e impedir o seu assédio e exploração por membros da família ou parentes. As mulheres poderão agora intentar acções judiciais contra maridos abusivos e outros familiares que as assediem.

9.5 Definição

"A violência incluiria, para além da brutalização do indivíduo ou do grupo através de lesões físicas, ameaças de coação, actos subtis de disciplina destinados a pressionar o indivíduo ou o grupo a agir de uma forma conducente aos desejos do grupo dominante, bem como a exploração, a discriminação, a manutenção de uma estrutura social e económica desigual e a criação de uma atmosfera de terror, uma situação de ameaça e represália."

A violência doméstica contra as mulheres é um fenómeno antigo. As mulheres foram sempre consideradas fracas, vulneráveis e em posição de serem exploradas, a violência foi durante muito tempo aceite como algo que acontece às mulheres. A família, que era vista como um espaço de amor, afeto, gentileza e centro de solidariedade e cordialidade, tornou-se agora um centro de exploração, agressão e violência, que vai desde bofetadas, pancadas, agressões homicidas de um membro da família contra o outro até ao assédio dos maridos e sogros por causa do dote ou por qualquer outro motivo.

"A violência doméstica refere-se a qualquer ato de violência contra as mulheres por parte dos maridos ou dos sogros. A violência física é definida como qualquer ato destinado a magoar, ferir ou infligir dor às mulheres. A violência sexual também pode ser designada como violência física. Refere-se a qualquer ato de atividade sexual não consentida. Pode ir desde a atenção sexual não desejada até à violação. A violência mental é qualquer comportamento ou falta de comportamento por parte do marido e dos sogros com o objetivo de minar a auto-confiança da mulher ou levar a uma autoestima baixa ou negativa [Dave e Solanki 2001:40]."

Em todas as sociedades, onde prevalece a estrutura familiar patriarcal, o patriarca protege as mulheres dos outros homens, mas elas tornam-se vítimas dos homens nas suas próprias famílias.

"A violência doméstica é uma violência entre pessoas que vivem juntas ou que já viveram juntas.

Mas o aspeto mais importante deste tipo de violência é o facto de acontecer à porta fechada e ser, na maioria das vezes, negado pelas próprias mulheres que foram vítimas de violência.

"De acordo com a Enciclopédia do crime e da justiça, em sentido lato, "violência é um termo geral que se refere a todos os tipos de comportamento, ameaçados ou reais, que resultam em danos ou destruição de bens ou na lesão ou morte de um indivíduo".

A violência doméstica não conhece barreiras etárias, socioeconómicas, religiosas, sociais, de género ou educacionais. É um mito que apenas as pessoas pobres ou sem educação são vítimas de violência doméstica. A mulher, desde o momento em que entra na casa do marido, tenta esquecer a sua própria identidade e adaptar tudo de acordo com as necessidades do novo local e das pessoas que nele vivem. Apesar disso, ela está sob vigilância constante e é frequentemente criticada por qualquer coisa, por exemplo, por não trazer dinheiro suficiente para os pais, por não ter recebido formação adequada. Assim, para as mulheres, a transformação da "União das almas" num pesadelo é uma experiência verdadeiramente horrível e desoladora.

As mulheres na Índia têm sido vítimas de humilhação, tortura e exploração ao longo dos tempos, desde que a história é conhecida. Desde tempos imemoriais que se registam incidentes de homicídio, violação, rapto e tortura. Apesar de um passado tão sombrio, a violência agenista não tem merecido muita atenção, e mais ainda, não foi feita qualquer tentativa de analisar a razão da sua relevância social. (Misra Preeti, 2006)

9.6 Principais direitos das mulheres reconhecidos por esta lei

Esta lei é tão liberal e orientada para o futuro que reconhece o direito da mulher a residir no agregado familiar partilhado com o marido ou um companheiro, mesmo em caso de litígio. Assim, legisla contra os maridos que expulsam as suas mulheres de casa quando há um litígio. Esta ação do marido passa a ser considerada ilegal e não apenas antiética. Mesmo que seja vítima de violência doméstica, a mulher mantém o direito de viver em "casas partilhadas", ou seja, uma casa ou casas que partilha com o parceiro abusivo. O artigo 17.º da lei, que confere a todas as mulheres casadas ou parceiras numa relação doméstica o direito de residir numa casa que é conhecida em termos legais como casa partilhada, aplica-se independentemente de ter ou não qualquer direito, título ou interesse benéfico na mesma. A lei prevê que, se uma mulher maltratada necessitar, tem de lhe ser fornecido alojamento alternativo e, nessas situações, o alojamento e a sua manutenção têm de ser pagos pelo marido ou companheiro. A lei reconhece, de forma significativa, a necessidade de a mulher vítima de maus tratos obter ajuda de emergência, que terá de ser fornecida pelo marido. Uma mulher não pode ser impedida de apresentar uma queixa ou um pedido de indemnização por violência doméstica. Ela tem direito aos serviços e à assistência do agente de proteção e dos prestadores de serviços, organizados de acordo com as disposições da lei.

Uma mulher vítima de violência doméstica terá direito aos serviços da polícia, de casas de abrigo e de estabelecimentos médicos. Tem também o direito de apresentar simultaneamente a sua própria queixa ao abrigo da Secção 498A do Código Penal Indiano. As secções 18-23 prevêem um grande número de vias de recurso para uma mulher vítima de violência. Ela pode obter, através dos tribunais, ordens de proteção, ordens de residência, alívio monetário, ordem de guarda dos filhos, ordem de indemnização e ordens provisórias/ex parte. Se um marido violar qualquer um dos direitos acima referidos da mulher lesada, tal será considerado uma infração punível.

Para além das acusações previstas na presente lei, o magistrado pode formular acusações ao abrigo da secção 498A. Assim, uma pessoa acusada poderá ser objeto de acusações ao abrigo da antiga lei e da nova lei. Além disso, as infracções são passíveis de reconhecimento e não podem ser objeto de fiança. A punição por violação dos direitos acima enumerados pode ir até um ano de prisão e/ou uma coima máxima de 20 000 rupias.

9.7 Casos importantes registados ao abrigo da DVPA 2005

Até agora, foram registados centenas de casos ao abrigo da Lei de Prevenção da Violência Doméstica de 2005 (DVPA) em toda a Índia. Aqui estamos a discutir os casos iniciais que têm o maior significado importante do ponto de vista da implementação.

a. Caso Santosh - Um caso importante: com aplicação integral

Estar presa a um mau casamento significava muito mais do que um trauma emocional para Santosh, de 26 anos, mãe de dois filhos. Significava ser regularmente espancada pelo marido, ser maltratada pelos sogros quando dava à luz uma rapariga e constantes exigências de dote mesmo depois do nascimento de um filho. Tornou-se a primeira mulher no Rajastão - e uma das primeiras no Norte da Índia - a apresentar um processo ao abrigo da Lei de Proteção das Mulheres contra a Violência Doméstica de 2005, recentemente notificada. Pediu ao marido uma ordem de proteção, uma residência alternativa ou uma renda de casa e uma pensão de alimentos. O tribunal judicial de primeira instância agiu rapidamente, notificando os sogros de Santosh e tornando o SHO da zona responsável pela sua proteção.

O caso é ilustrativo. Mostra como a nova lei, que está a ser descrita como "histórica" pelos grupos de mulheres, pode proporcionar uma intervenção atempada e alívio às mulheres apanhadas em tais situações. Esta lei prevê uma indemnização civil. Anteriormente, era uma tarefa árdua obter este tipo de indemnização ao abrigo do direito penal. Cada caso estava sujeito à interpretação do juiz. Agora, a indemnização está prevista na lei. É significativo que a lei abranja todas as comunidades e grupos religiosos, muitos dos quais tinham pouca proteção legal para as mulheres.

b. Outros casos

Caso Benedita Maria

O primeiro caso registado na Índia ao abrigo da Lei de Prevenção da Violência Doméstica de 2005, em <u>Tiruelveli</u>, relacionado com o facto de José ter agredido a sua mulher, a professora Benedict Mary, continua a aguardar resolução, devido à não nomeação de agentes de proteção ou prestadores de serviços pelo Governo do Estado.

Caso Kavi Priya

Em Chennai, enquanto o ministro do bem-estar social, P. Angalane (37), afirmava ter apresentado uma ação de divórcio, a sua mulher Kavipriya alegava que ele a torturava e que tinha casado secretamente com outra mulher. A unidade de Pondicherry do CPM exigiu a prisão de Angalane e disse que o líder do Congresso devia ser demitido.

Shraddha Pingale (19)

A polícia rural de Pune registou o primeiro caso de Maharashta ao abrigo da Lei de Prevenção da Violência Doméstica de 2005, recentemente promulgada, depois de uma mulher recém-casada ter apresentado uma queixa de assédio na esquadra de polícia de Ghodegaon. Afirmou que o marido e os sogros a assediavam mental e fisicamente, acusando-a de ter um caso antes do casamento.

9.8 Problemas de aplicação

Uma lei progressista para os direitos das mulheres ou um compêndio de boas intenções que terá ainda de enfrentar um muro de preconceitos sociais? A lei contra a violência doméstica, que entrou recentemente em vigor, suscitou esperanças de que a violência endémica contra as mulheres fosse objeto de reparação legal, mas também dúvidas quanto à eficácia da sua aplicação. Como era de prever, a Lei de Proteção das Mulheres contra a Violência Doméstica de 2005 recebeu uma resposta mista. Há quem considere que a lei reconhece finalmente um problema com que se confrontam, de uma forma ou de outra, 70% das mulheres indianas, enquanto outros consideram que a adoção de uma legislação é apenas metade do trabalho realizado; porque a lei foi radical e abordou um lado feio da sociedade que era frequentemente escamoteado. Esta lei reconhece novos conceitos como a agressão e a tortura mental, a violência sexual no seio do matrimónio e a legitimidade das relações de coabitação. O êxito desta legislação dependerá do combate aos problemas da iliteracia e da ignorância entre as mulheres, bem como dos estigmas profundamente enraizados na denúncia da violência doméstica.

A aplicação da nova legislação é considerada um "desafio". Há algumas perguntas sem resposta. O Governo não previu qualquer dotação orçamental para nomear agentes de proteção. É necessário nomear pessoas com a formação adequada como agentes de proteção. Para além dos obstáculos burocráticos, a lei foi criticada pelo facto de poder ser utilizada para ajustar contas e registar casos falsos. Não se pode excluir a possibilidade de uma amarga falsificação entre casais que leve à apresentação de queixas. A lei pode ser utilizada de forma abusiva para ajustar contas por vingança. A legislação anti-casamento também foi objeto de críticas semelhantes. As pressões sociais podem ainda levar à subnotificação e à supressão de casos de violência doméstica. Não foram previstos recursos adicionais para a criação de abrigos ou lares e para a nomeação de agentes de proteção. O processo burocrático e policial é lento, tendo sido necessário um ano para que a lei fosse aplicada.

CAPÍTULO 10

10 Iniciativas especiais para mulheres

Comissão Nacional para as Mulheres: Em janeiro de 1992, o Governo criou este organismo estatutário com um mandato específico para estudar e acompanhar todas as questões relacionadas com as salvaguardas constitucionais e legais previstas para as mulheres, rever a legislação existente e sugerir alterações sempre que necessário, etc. Reserva para as mulheres na administração local autónoma: A 73ª Lei de Emenda Constitucional aprovada em 1992 pelo Parlamento garante um terço do total dos lugares para as mulheres em todos os cargos eleitos nos organismos locais, quer se trate de zonas rurais ou urbanas.

O Plano de Ação Nacional para a Criança do sexo feminino (1991-2000): O plano de ação visa assegurar a sobrevivência, a proteção e o desenvolvimento da criança do sexo feminino com o objetivo último de construir um futuro melhor para a criança do sexo feminino. A Política Nacional para as Crianças-2013 foi adoptada pelo Governo da Índia em 26 de abril de 2013. O Plano de Ação Nacional para as Crianças 2016 encontra-se em fase de projeto.

Política Nacional para o Empoderamento das Mulheres, 2001: O Departamento de Desenvolvimento das Mulheres e das Crianças do Ministério do Desenvolvimento dos Recursos Humanos preparou uma "Política Nacional para o Empoderamento das Mulheres" no ano de 2001. O objetivo desta política consiste em promover o avanço, o desenvolvimento e a emancipação das mulheres. A Política Nacional para o Empoderamento das Mulheres de 2016 encontra-se em fase de projeto.

CAPÍTULO 11

11 Cenário atual Crimes contra as mulheres
De acordo com os dados do National Crime Record Bureau

A taxa de condenação de pessoas acusadas de crimes contra as mulheres no país situou-se em 21,7% no ano passado e em 35% em Deli, frequentemente apelidada de capital da violação. Em Deli, a taxa de condenação em casos de crimes contra as mulheres foi de apenas 35%, apesar de existir um tribunal de ação rápida em todos os 11 distritos da capital nacional. Estes tribunais foram criados na sequência da violação em grupo de uma estudante de medicina de 23 anos num autocarro em movimento, em dezembro de 2012, que abalou a nação.

No ano passado, em Arunachal Pradesh, foram registados 384 casos de crimes contra as mulheres e detidas 408 pessoas, das quais 303 foram citadas em 259 processos.7 por cento), Jammu e Caxemira (4,7), Karnataka (4,9), Bengala Ocidental (5), Odisha (8,3), Andhra Pradesh (8,4), Telangana (8,6) e Assam (9,4 por cento).

Mizoram registou a melhor taxa de condenação de 77,4 por cento nos casos de crimes contra as mulheres e também nos casos de crimes contra crianças (88,7 por cento) em 2015. Seguiu-se Nagaland, onde os arguidos foram condenados em 76,7 por cento dos casos de crimes contra as mulheres e em 63,6 por cento dos casos de crimes contra crianças. Delhi registou uma taxa de condenação de apenas 38% nos casos de crimes contra crianças em 2015, segundo os dados.

No total, foram registados 9 489 casos de crimes contra crianças na capital do país.

No total, 3 016 pessoas foram acusadas em 2 524 processos, dos quais 404 foram condenados.

CAPÍTULO 12

12 O contexto do acesso à justiça

O quadro prevê um ambiente propício ao acesso à justiça, que, tal como os elementos acima referidos, estão inter-relacionados e interligados.

Em primeiro lugar, o cumprimento das normas de direitos humanos e a observância com a devida diligência das obrigações do Estado,

Em segundo lugar, a existência de uma democracia e de uma cidadania substancial das mulheres;

Em terceiro lugar, o reforço da posição política e económica das mulheres na sociedade e o seu pleno direito ao desenvolvimento através da resolução das desigualdades estruturais;

Em quarto lugar, o reconhecimento do carácter inter-relacionado, interligado e combinado da VCM,

Em quinto lugar, o reforço da defesa e da luta contra a VCM a nível internacional e regional. Estes elementos não serão debatidos individualmente, mas em termos de desenvolvimento, com base na inter-relação e interligação de um conceito/contexto com outro.

Em resposta à questão de saber se o direito, por si só, pode obter ganhos políticos concretos para as mulheres, Frances Olsen sublinhou que "o direito é uma prática social complexa e alguns ganhos feministas foram e continuarão a ser obtidos na arena jurídica". O quadro de acesso das mulheres à justiça adapta esta visão do direito e do sistema jurídico. Este pode ser uma fonte de opressão para as mulheres. No entanto, também pode ser a fonte de libertação. O mesmo se aplica aos processos e quadros jurídicos. Estes podem inculcar ainda mais mitos e preconceitos infundados sobre as mulheres, ou podem libertar as mulheres desses preconceitos, através de reformas jurídicas eficazes, trabalhando de dentro para fora e de fora para dentro.

12.1 As mulheres precisam de acesso à justiça para a igualdade de género

O acesso à justiça é importante para a igualdade de género porque permite o usufruto equitativo de toda uma série de direitos e recursos. As instituições de direito e justiça desempenham um papel fundamental na distribuição de direitos e recursos entre homens e mulheres em todos os sectores. Estão na base das formas e funções de outras instituições e reflectem e moldam os resultados do desenvolvimento. Por conseguinte, o acesso à justiça não é apenas um direito em si, é também um meio de garantir resultados equitativos.

O acesso à justiça é um direito humano e um elemento integrante da promoção do Estado de direito. O respeito e a proteção dos direitos humanos só podem ser garantidos através da existência de vias de recurso eficazes, de uma reparação adequada e/ou de uma indemnização. Embora o acesso à justiça possa ser difícil para todos, é-o ainda mais para as mulheres, devido à desigualdade de género na sociedade e no sistema judicial. Há uma multiplicidade de obstáculos: tabus, preconceitos, estereótipos de género, costumes, ignorância e, por vezes, até as próprias leis. No seu conjunto, são peças de um "puzzle da justiça" que deixa as mulheres de fora. É urgente resolver este desequilíbrio de género, pois a igualdade de acesso à justiça é fundamental para garantir a igualdade entre mulheres e homens, não só *de jure* mas também *de facto*.

12.2 Barreiras socioeconómicas e culturais:

- medo e vergonha;
- falta de conhecimento dos procedimentos oficiais e da assistência disponível;
- restrições à disponibilidade de assistência jurídica;
- dependência económica e preocupação com os filhos;
- o impacto das medidas de austeridade em termos de género.

Os estereótipos de género têm sido apontados como um dos principais obstáculos à igualdade de acesso das mulheres à justiça. Os estereótipos ocorrem quando um juiz ou outro interveniente no sistema judicial tem uma opinião sobre um indivíduo baseada em crenças preconcebidas sobre um grupo social, em vez de se basear em factos relevantes ou num inquérito real relacionado com esse indivíduo e com as circunstâncias do caso. No contexto do acesso das mulheres à justiça, os estereótipos de género desempenham um papel importante, em especial os estereótipos que consideram principalmente os homens como detentores de direitos, autoridade e conhecimento.

12.3 Barreiras jurídicas e processuais:

- persistência da discriminação de *jure* das mulheres;
- lacunas na legislação sobre os direitos das mulheres;
- utilização limitada da legislação anti-discriminação em razão do sexo;
- legislação neutra em termos de género ou cega em relação ao género, que pode conduzir a
- desigualdades, muitas vezes não intencionais;
- utilização limitada das normas internacionais nas decisões judiciais;
- soluções limitadas para a discriminação indireta das mulheres; ênfase colocada na utilização de procedimentos de resolução extrajudicial de litígios para garantir
- um fim rápido para um litígio jurídico, deixando frequentemente as mulheres em desvantagem;
- processos penais morosos;
- corrupção e baixas taxas de condenação;

- práticas discriminatórias;
- estereótipos negativos de género nos tribunais e entre os funcionários responsáveis pela aplicação da lei.

O facto de pertencer a grupos vulneráveis de mulheres pode resultar numa maior restrição do acesso a certos direitos, incluindo a justiça. As mulheres que vivem em zonas rurais, as mulheres idosas, as mulheres com deficiência, as mulheres lésbicas/bissexuais/transgénero, as mulheres vítimas de tráfico, as migrantes (incluindo refugiadas, requerentes de asilo e mulheres sem documentos) e as mulheres de determinados grupos sociais, étnicos ou religiosos estão estruturalmente em desvantagem. Tal pode dever-se a desvantagens específicas a nível socioeconómico, mas também pode resultar de uma falta de sensibilização para as suas necessidades específicas por parte dos funcionários da justiça ou dos serviços responsáveis pela aplicação da lei. As mulheres destes grupos são também frequentemente vítimas de estereótipos, que podem resultar em preconceitos e insensibilidade por parte do sistema judicial, ou mesmo na negação da justiça.

12.4 Reconhecer a realidade composta: Estratégias e respostas multidisciplinares no acesso das mulheres à justiça em caso de violência contra as mulheres

A interseccionalidade reconhece as formas frequentemente múltiplas e sobrepostas de discriminação sofridas pelas mulheres vítimas de violência nas suas tentativas de aceder à justiça. Devem ser reconhecidos os diferentes pontos de entrada da discriminação e evitadas as generalizações e categorias, em reconhecimento das diversas experiências vividas pelas mulheres. Ao reconhecer as várias formas e os vários fundamentos em que a discriminação se pode manifestar, evita-se a categorização das experiências das mulheres e reconhece-se a possibilidade de diversidade, bem como as formas compostas e interrelacionadas de opressão a que as mulheres podem estar sujeitas.

Na determinação de um ambiente propício à VCM, a lei e a resposta do sistema jurídico à VCM devem ser desafiadas, ultrapassando os seus limites. Os métodos da lei, a elaboração e a aplicação da lei devem ser desafiados a ter em conta as diversas experiências das mulheres: conscientes do eixo de género da VCM e conscientes das diferentes experiências de cada mulher.

12.5 Reforçar a luta colectiva: Rede de Mulheres e Advocacia Regional

O último ambiente propício ao acesso à justiça no domínio da violência contra as mulheres exige o reforço da defesa regional por parte dos grupos de mulheres e o reforço da rede de mulheres. As ONG, em especial os grupos de mulheres, desempenham um papel crucial na pressão para o reconhecimento dos direitos das mulheres, no controlo da acessibilidade e da aplicação desses direitos, bem como na identificação de lacunas no reconhecimento e na aplicação desses direitos. Uma forte rede nacional e regional de grupos e organizações de mulheres, através de consultas e partilha de conhecimentos e investigações em vários domínios relativos às mulheres, chama efetivamente a atenção dos Estados para as questões relacionadas com os direitos das mulheres e o respeito, a promoção e o cumprimento dos mesmos. No apelo a um quadro mais reativo no acesso à justiça, as organizações e redes de mulheres desempenham um papel crucial.

A história da luta das mulheres por direitos e por espaço foi sempre uma luta colectiva, uma luta travada não só na esfera jurídica, mas em todos os espaços de reconhecimento de que as mulheres dispõem: articular as suas questões, tornar público o privado e alargar os espaços e os limites que a lei e a sociedade concedem às mulheres. Nesta luta colectiva, o Estado pode ser pressionado e mobilizado para exercer vontade política no reconhecimento e na proteção dos direitos das mulheres, a sociedade é igualmente educada sobre os direitos das mulheres e as questões das mulheres, à medida que cada vez mais as mulheres reivindicam espaços e direitos, como participantes iguais na construção do futuro do país. De facto, uma forte defesa nacional e regional entre os grupos e redes de mulheres, a sua voz colectiva e a sua luta colectiva são indispensáveis para a promoção dos direitos das mulheres, bem como para a criação de um ambiente de acesso a esses direitos no âmbito dos sistemas formais e informais.

CAPÍTULO 13

13 As mulheres rurais e o acesso à justiça

O acesso à justiça e a um recurso legal eficaz e a reparação em caso de violação de um determinado direito são cruciais para que as mulheres rurais possam alcançar uma verdadeira igualdade no acesso a recursos e serviços, a condições de emprego e de trabalho dignas, à proteção social, a assuntos civis e familiares e a processos de tomada de decisão a todos os níveis. Todas estas são condições prévias necessárias para que as mulheres e os seus dependentes possam viver as suas vidas com dignidade, realizar o seu direito humano à alimentação e ser membros activos da sociedade.

13.1 Obstáculos específicos ao acesso das mulheres rurais à justiça

De um modo geral, e nas zonas rurais mais particularmente, o acesso à justiça não deve ser concebido como estando limitado apenas ao acesso a advogados e tribunais. Inclui a garantia de que os direitos, e as suas protecções correlativas, são reconhecidos através da lei - formal e informal. Inclui também o acesso a instituições, incluindo as consuetudinárias/tradicionais, e a procedimentos claros, simples e económicos, bem como a uma solução eficaz e acessível para a violação ou abuso de direitos. O acesso à justiça significa também que as autoridades competentes respeitam as leis e os regulamentos e que todos têm conhecimento dos seus direitos, bem como a capacidade e o poder de os reivindicar e de procurar reparação quando esses direitos são violados. Por outras palavras, significa tornar a lei e os mecanismos de justiça menos complexos e acessíveis a todas as mulheres e homens, incluindo os mais vulneráveis.

O conteúdo da lei e o sistema jurídico funcionam com base na presunção de que todas as pessoas são iguais e de que existe igualdade de oportunidades para todas as pessoas procurarem a proteção da lei. No entanto, na prática, não é isso que acontece, pois frequentemente tanto o conteúdo da lei como a administração da justiça são obstruídos para os menos poderosos e privilegiados, muitas vezes mulheres rurais. Embora as lacunas de capacidade nos serviços de justiça afectem todos os seus utilizadores, as lacunas baseadas no género traduzem-se no facto de as mulheres terem normalmente menos tempo, dinheiro e níveis de educação mais baixos, exacerbando as lacunas já existentes. Em muitos países, os principais obstáculos ao acesso das mulheres à justiça e ao usufruto equitativo dos seus direitos e prerrogativas continuam a ser os quadros jurídicos inadequados ou discriminatórios, a complexidade dos sistemas jurídicos, a falta de informação e de conhecimentos e os obstáculos socioculturais.

13.2 Quadros jurídicos discriminatórios e inadequados

A capacidade de reivindicar os seus direitos e de procurar uma solução é influenciada, antes de mais, pelo conteúdo das leis que estabelecem esses direitos e regulam os processos de reivindicação da sua proteção. Embora em muitos países se tenham registado progressos na formulação e adoção de quadros legislativos e regulamentares mais equitativos em termos de género durante as últimas duas décadas, noutros, a discriminação explícita contra as mulheres continua a ser perpetuada. Consequentemente, continuam a existir desigualdades generalizadas, *entre outras,* nas áreas da terra e de outros recursos naturais; no acesso ao emprego; no acesso aos serviços e à proteção social; nas oportunidades de participação na vida pública e económica da comunidade/país; e nos direitos e responsabilidades em matéria de casamento e família.

Mesmo as leis neutras em termos de género têm frequentemente um impacto desproporcionado nas mulheres, uma vez que não têm em conta as desigualdades existentes. Por exemplo, uma legislação laboral que não inclua incentivos e medidas específicas que respondam às necessidades e aos desafios diários das mulheres rurais - o que facilitaria o acesso das mulheres ao emprego - afecta muitas vezes negativamente as mulheres, tanto em termos de acesso a oportunidades de emprego como de qualidade dos empregos, devido à sua atual posição de desvantagem nos mercados de trabalho, em comparação com os seus homólogos masculinos. Além disso, em muitos países, a legislação laboral não se aplica aos trabalhadores agrícolas e à força de trabalho informal. Isto é particularmente verdade para o emprego rural, onde a maioria da população em idade ativa trabalha na economia informal. Na maioria das regiões em desenvolvimento, as mulheres tendem a ser mais frequentemente empregadas com contratos informais, de baixa produtividade e ocasionais do que os homens, e concentram-se frequentemente nos segmentos mais exploradores do trabalho informal.

As disposições discriminatórias e as lacunas nos quadros jurídicos também têm um impacto negativo noutros aspectos da vida das mulheres nas zonas rurais: por exemplo, as mulheres enfrentam mais dificuldades para aderir e tornar-se membros activos de instituições rurais e organizações de produtores, e para aceder aos mercados e aos créditos. Têm também mais probabilidades de serem excluídas dos programas formais de proteção social do que os homens.

Nalguns casos, mesmo quando existe legislação equitativa em matéria de género, esta não é aplicada devido à falta de legislação e regulamentação secundária e de procedimentos para a sua implementação e aplicação ou devido à insuficiência dos recursos orçamentais atribuídos pelo governo.

Outro obstáculo importante no acesso das mulheres rurais à justiça é a falta de coerência entre as várias leis. Isto pode acontecer, nomeadamente, quando a legislação civil e familiar prevê limites à capacidade das mulheres para realizarem actos com efeitos jurídicos, incluindo a assinatura de contratos e a instauração de processos judiciais. Assim, nalguns países, as mulheres necessitam do consentimento de um tutor masculino para abrir uma conta bancária ou iniciar um negócio. Esta interligação e coerência entre as leis adquire especial importância em países com vários sistemas jurídicos.

13.3 Complexidade dos sistemas jurídicos

Um dos principais desafios que se colocam à administração da justiça nos países em que esta existe é o "pluralismo jurídico", ou seja, a existência de vários tipos de sistemas jurídicos (estatutários, consuetudinários, religiosos ou uma combinação destes) que se aplicam ao mesmo território. Nalguns casos, estes sistemas existem independentemente e não estão relacionados entre si; noutros, as relações entre os diferentes sistemas jurídicos são ordenadas e geridas através de regras específicas. O pluralismo jurídico existente cria quadros jurídicos complexos caracterizados pela sobreposição de direitos, por níveis de autoridade múltiplos e concorrentes (incluindo instituições estatais, não estatais/habituais e híbridas) e por regras frequentemente contraditórias. Para as mulheres, a navegação pelos diferentes sistemas pode ser particularmente difícil.

Frequentemente, quando surge um litígio, as mulheres optam por procurar a proteção dos seus direitos através dos sistemas de justiça consuetudinária. Os mecanismos de justiça consuetudinária são muitas vezes mais acessíveis do que os formais e podem ser mais fáceis de aceder para as mulheres do que os sistemas de justiça formal. Além disso, é mais provável que proporcionem às mulheres mais espaço para a resolução de litígios que seja aceitável para os homens e para a comunidade em geral. Contudo, as regras aplicadas pelas instituições consuetudinárias não cumprem necessariamente as normas de igualdade e não discriminação. Este facto é particularmente importante nas zonas rurais, onde os sistemas jurídicos consuetudinários têm um valor mais proeminente.

13.4 Falta de informação e de conhecimentos e limitações sócio-culturais

Entre os obstáculos mais difíceis para o acesso das mulheres à justiça encontram-se os que estão ligados a formas muito básicas de organização da sociedade; questões que estão intrinsecamente ligadas à administração da justiça. Estes obstáculos derivam da vulnerabilidade dos pobres rurais em geral, e das mulheres em particular, da sua posição subalterna na sociedade e da falta de informação e conhecimento sobre os seus direitos e as formas de reivindicar a sua proteção.

Com efeito, as mulheres das zonas rurais não estão muitas vezes conscientes dos seus direitos legais, podem não saber que têm o direito de reclamar a sua proteção ou como o fazer. Nas zonas rurais, a maioria das mulheres não pensa nos seus conflitos quotidianos de um ponto de vista baseado nos direitos. Também é frequente terem menos confiança em si próprias enquanto reclamantes de direitos e recursos. Por isso, na maioria das vezes, nem sequer consideram a possibilidade de apresentar uma queixa num tribunal. Práticas como a reclusão feminina também dificultam as possibilidades de as mulheres rurais reclamarem os seus direitos. Em muitas zonas rurais, as normas socioculturais ditam *de facto* uma posição subordinada para as mulheres, tanto na esfera pública como na privada. Estas normas aplicam-se a todas as dimensões da vida das mulheres, incluindo a vida profissional e o emprego, e afectam-nas em grande medida. Por exemplo, quando um litígio envolve uma ação judicial contra membros masculinos da mesma comunidade, as mulheres rurais que procuram fazer valer os seus direitos podem ser sujeitas a pressões por parte das suas famílias e comunidades, o que, por sua vez, pode conduzir à violência doméstica ou à exclusão social. Estas normas socioculturais fazem com que as mulheres receiem represálias ou ostracismo se reclamarem terras ou procurarem proteção contra a violência. Como resultado, as mulheres tendem a ver o acesso à justiça negado com mais frequência do que os homens e têm mais probabilidades de ver a justiça totalmente negada.

13.5 Estratégias para melhorar o acesso à justiça das mulheres rurais

Garantir o acesso das mulheres rurais à justiça exige uma ação global que aborde também os obstáculos estruturais acima referidos. Isto significa que as estratégias de mudança devem estar relacionadas com diferentes dimensões e diferentes actores da sociedade. Estas incluem: melhorar os quadros jurídicos e a aplicação da lei; aumentar a literacia jurídica e a capacitação; e reforçar a sensibilização, a informação e a comunicação.

CAPÍTULO 14

14 Rumo a uma nova atitude: Mudanças culturais na visão da violência contra as mulheres

As mudanças de atitudes, tal como utilizadas neste quadro, referem-se, *em primeiro lugar,* à mudança nas práticas dos actores e órgãos do Estado em resultado do caso das mulheres e da ação colectiva dos grupos de mulheres em seu apoio. Inclui também a análise dos efeitos a longo prazo das mudanças nas práticas, ou seja, a forma como se traduzem em mudanças nas atitudes dos responsáveis, resultando em mudanças ideológicas/culturais nos valores, perspectivas e consciência dos agentes e órgãos do Estado no tratamento dos casos de violência contra as mulheres e na abordagem da discriminação sistémica das mulheres, com o objetivo de alcançar os direitos de desenvolvimento integral das mulheres.

Em segundo lugar, analisa as mudanças nas práticas e atitudes das organizações de mulheres (consciência colectiva) que levam a que estas organizações exerçam pressão para que a legislação e as políticas relativas à violência contra as mulheres sejam mais adequadas. Este elemento tem duas vertentes: em primeiro lugar, analisa a forma como um caso específico de uma mulher altera as práticas e as atitudes dos responsáveis e do sistema jurídico em geral e, em segundo lugar, a forma como o mesmo caso afecta a prática e a atitude colectivas das organizações de mulheres, levando-as a exercer pressão junto do Estado para a formulação de leis e políticas que respondam melhor às experiências e necessidades das mulheres.

15 Das mulheres, pelas mulheres, para as mulheres

O "tribunal das mulheres" (mahila adalat ou mahila mandal) é um fenómeno relativamente recente, mas cada vez mais frequente na Índia contemporânea. Trata-se de um tipo particular de fórum alternativo para a resolução de litígios, especificamente concebido para resolver os problemas conjugais e familiares das mulheres, que tem por objetivo proporcionar um ambiente seguro e não ameaçador onde as mulheres podem expor as suas queixas, chegar a acordos satisfatórios com os maridos e sogros ou encontrar formas de escapar completamente às suas situações difíceis. Incentiva as mulheres a resolverem os litígios domésticos informalmente, em vez de recorrerem às instituições judiciais do Estado. A maior parte dos tribunais de mulheres são geridos por ONG de mulheres, a partir de organismos governamentais ou semi-governamentais, como as Comissões Estatais de Mulheres ou as Sociedades de Assistência Jurídica.

A recente proliferação do que designarei por "tribunais de mulheres" na Índia tem merecido relativamente pouca atenção na literatura sobre "pluralismo jurídico" ou "resolução alternativa de litígios (RAL)" nesse país. Utilizo o termo "tribunal das mulheres" para me referir a uma categoria ampla e algo diversificada de organismos de resolução de litígios criados especificamente para tratar dos problemas conjugais e familiares das mulheres, geralmente através de aconselhamento e mediação entre a queixosa e o seu marido ou outros familiares. O seu objetivo é evitar litígios matrimoniais e, se possível, encontrar uma forma de reconciliar o casal e manter a unidade familiar intacta. Para o efeito, persuadem as partes a chegar a um acordo sobre uma solução de compromisso para as suas diferenças, que normalmente inclui compromissos de ambas as partes no sentido de alterarem os comportamentos que criaram conflitos entre elas no passado. Estes organismos têm vários nomes nas línguas locais, tais como mahila (ou nari) adalat (tribunal de mulheres), mahila mandal (círculo de mulheres), mahila panchayat (conselho de mulheres), mahila manch (plataforma de mulheres), nari nyaya samiti (comité de justiça das mulheres), etc.

Alguns são organismos oficiais do governo, outros são geridos por organizações voluntárias sob a orientação de - e com algum apoio financeiro de - agências governamentais cuja responsabilidade é promover o bem-estar e a capacitação das mulheres. Outras não têm qualquer estatuto oficial, mas são criadas e geridas de forma independente por organizações não governamentais (ONG) lideradas por mulheres. Estas últimas cobrem as suas despesas, em grande parte, com donativos e subvenções, muitas vezes provenientes de agências internacionais de desenvolvimento que, nos últimos anos, dedicaram grandes esforços e montantes significativos de financiamento à promoção de iniciativas deste e de outros tipos em benefício das mulheres pobres e em dificuldades.

15.1 Respostas à violência doméstica a nível comunitário iniciadas por mulheres Nari adalats - Justiça para as mulheres ou mulheres para a justiça de género?

Uma rede algo semelhante, mas muito mais vasta, de tribunais exclusivamente femininos (também designados por nari adalat, mahila manch ou nyaya samiti ["comité de justiça"]) funciona com o apoio do governo estatal em vários Estados indianos. A rede remonta a meados da década de 1990, quando foi criada em certos distritos de Gujarat, Karnataka e Uttar Pradesh como uma parceria ONG/governo, um resultado de uma "confederação de mulheres" (Mahila Samakhya [MS]) que foi criada em 1989 pelo Ministério do Desenvolvimento de Recursos Humanos, Governo da Índia.24 A MS começou por criar grupos de mulheres de aldeia (mahila sangh) e formá-las para trabalharem em prol da sua própria capacitação.

Mais tarde, tendo-se apercebido da gravidade e da prevalência generalizada do problema da violência doméstica nas zonas rurais em que estava a trabalhar, iniciou um programa de tribunais só para mulheres (Iyengar 2007, 8; ver também Bhatia e Rajan 2003; Merry 2006; Mahila Samakhya Karnataka 2012; Basu 2011). Estes tribunais reúnem-se em datas fixas num local central - frequentemente num edifício governamental - ao qual as mulheres das aldeias vizinhas se dirigem com as suas queixas conjugais e familiares. A grande maioria das suplicantes foi vítima de violência doméstica associada a questões como a exigência de dote, a incapacidade da mulher para ter filhos, suspeitas de infidelidade, o envolvimento do marido com outras mulheres, a sua dependência de álcool ou drogas, etc.25

Após a apresentação do pedido do queixoso no adalat, a outra parte ou partes são contactadas e convocadas para comparecerem numa data posterior. Só quando ambas as partes estão presentes é que se iniciam as negociações. A organização acredita firmemente na importância do apoio da comunidade para a resolução bem sucedida de disputas conjugais, por isso a arbitragem é sempre levada a cabo num 'fórum aberto e público' e os grupos locais de mulheres participam no processo, 'recolhendo todos os factos básicos, gerando opinião a favor da vítima... e monitorizando a decisão [do nari adalat]' posteriormente (Bhatia e Rajan 2003, 1660). Grande parte da sua capacidade de fazer cumprir as suas decisões contra os violadores dos direitos das mulheres assenta - tal como acontece com os panchayats tradicionais dirigidos por homens - na pressão social que os participantes leigos no processo podem exercer sobre eles. Acreditam que a utilização da praça pública para envergonhar o perpetrador e colocá-lo sob escrutínio público produz nele uma forte motivação para mudar o seu comportamento (Iyengar 2007, 19).

No entanto, na mais completa e útil das várias avaliações disponíveis destes nari adalats, Iyengar faz eco de preocupações semelhantes às expressas por Grover e Lemons. Salienta que "a sua prioridade é encontrar uma solução... no âmbito da justiça social, em vez de aplicar princípios mais genéricos de procedimento judicial ou de direitos humanos..." [itálico no original] e pergunta se, tendo em conta que os nari adalats são uma forma de resolver os problemas, não se pode dizer que sejam uma forma de resolver os problemas. [itálico no original] e pergunta se, dado que mantêm a sua ênfase na determinação dos direitos das mulheres no âmbito do casamento, ...a tentativa dos Nari Adalats de refletir os valores e atitudes daqueles para quem julgam levou a que [a sua forma de administrar] a justiça se tornasse uma subversão dos direitos humanos (2007, 9-10).

Estes tribunais utilizam o conhecimento das práticas, costumes e redes sociais locais para reunir provas e negociar acordos, gerar opinião social contra o infrator e, por vezes, utilizar ameaças de envolver o sistema jurídico como forma de o intimidar. No entanto, o facto de a manutenção do lar e da família a que pertence o queixoso continuar a ser "fundamental para a sua compreensão central da justiça de género" (2007, 10) limita-os claramente em termos do tipo de soluções que sentem ser capazes de oferecer às mulheres vítimas de abuso que se lhes apresentam.

15.2 Quem tem acesso aos Nari Adalats?

Para além de analisar o perfil das mulheres e dos homens que recorrem aos Nari Adalats através dos seus registos documentais, a equipa de estudo também se reuniu com 30 "clientes" dos Nari Adalats para compreender quem está a aceder a este sistema e quem poderá não estar. Também para compreender as percepções, expectativas e experiências destes clientes.

O Nari Adalat é claramente solicitado sobretudo por mulheres que são espancadas, física e psicologicamente maltratadas e assediadas nos seus lares conjugais por razões que vão desde o dote ao nascimento das filhas; que são objeto de calúnias quanto à sua fidelidade; que enfrentam um comportamento "irracional" dos cônjuges que são frequentemente também alcoólicos; cujos maridos são bígamos, etc. As pessoas que têm a certeza de que querem uma separação vêm pedir ajuda para obter a guarda dos filhos, a sua legítima participação nos bens e a restituição dos bens que lhes pertencem. 89% dos casos que deram entrada nos Nari Adalats na última década pertencem principalmente a estas categorias.

Nos Mahila Samakhya e Swati Nari Adalats, cerca de 92% dos 'clientes' são membros do sangh ou são trazidos por membros do sangh; em Kutch, 70% dos casos são de membros do sangathan ou trazidos por eles. Cerca de 35% das mulheres cujos casos são ouvidos pelos Nari Adalats da Mahila Samakhya vão lá depois de já terem batido à porta do Panch tradicional. Não tendo conseguido obter uma resolução do Panch ou, pior ainda, tendo recebido um veredito injusto, dirigem-se aos Nari Adalats. De um modo geral, as mulheres e as famílias que são economicamente vulneráveis e que não estão sujeitas à censura do Panchayat tradicional utilizam o mecanismo do Nari Adalat, embora haja, naturalmente, excepções, incluindo um caso em que a mulher do chefe do departamento de receitas do governo apresentou uma petição ao Nari Adalat da Surendranagar Mahila Samakhya.

A identidade de género partilhada entre o "cliente" e o "juiz", o conforto de estar num ambiente que se assemelha à sua própria família alargada de mãe, tias, irmãs e idosos, mas que é mais encorajador e emancipado, o espaço não intimidante e a cultura de comunicação sem medo - todos estes elementos dos Nari Adalats têm um valor que vai muito para além das considerações económicas para uma mulher que é agredida e está perdida. Parece que as mulheres que vêm aos Nari Adalats querem mais resolução do que justiça. As suas preocupações são dominadas pelos aspectos práticos de onde ficarão, quem as alimentará a elas e aos seus filhos e o impacto do seu regresso à casa dos pais sobre o seu irmão ou sobre as hipóteses de casamento da sua irmã. Para além da reivindicação dos seus direitos, exigem a aplicação urgente de medidas de reparação e de proteção contra o domínio do seu domicílio conjugal e as vulnerabilidades do regresso ao domicílio parental ou de viverem sozinhos.

A popularidade dos Nari Adalats reside também no sentimento de controlo relativamente elevado que a requerente aí experimenta, em comparação com os Panchs tradicionais e os tribunais. O custo, o tempo e o local são aspectos cruciais para promover um sentimento de controlo na mulher. Os Nari Adalats demoram, em média, 3 a 8 meses a resolver um caso. As experiências de algumas das clientes do Nari Adalat após o desfecho dos seus casos são esclarecedoras e fornecem um feedback crítico sobre mecanismos alternativos de resolução de litígios como estes. Quase todos os clientes com quem a equipa de estudo se encontrou foram unânimes em elogiar a forma capacitadora como os Nari Adalats abordaram os seus problemas, apesar do facto de nem todos terem obtido resultados satisfatórios. No entanto, as suas experiências também suscitaram algumas observações críticas sobre o impacto da informalidade do sistema nos resultados:

• A falta de documentação jurídica formal e normalizada, especialmente aquando da execução de divórcios ou da fixação de montantes de pensões de alimentos, colocou sérios problemas (esta questão foi, no entanto, recentemente resolvida com o MSS Nari Adalat a executar um divórcio judicial em todos os casos);

• A ausência de uma compreensão básica dos procedimentos e disposições legais significava que o cliente não recebia informações sobre as leis, nem estava habilitado a fazer escolhas informadas em relação ao resultado. As disposições legais eram frequentemente muito mais progressistas e centradas nas mulheres do que algumas das resoluções apresentadas pelo Nari Adalat;

• A incapacidade do sistema de compreender e interpretar as receitas e os documentos legais detidos pelo cliente - como os documentos de propriedade - e a ausência de um mecanismo de apoio (como advogados) significaram que os conselhos ou resoluções fornecidos pelo Nari Adalat ficaram vulneráveis a disputas legais, e o cliente foi enviado de um lado para o outro entre o Nari Adalat e o tribunal;

• O sistema Nari Adalat funciona inteiramente através da vontade e coragem dos voluntários do MSS e dos membros do sangh. Este facto torna o sistema orientado para a personalidade em grande medida - na presença de membros dinâmicos do Nari Adalat, o sistema é levado mais a sério. Isto garante um melhor acompanhamento, um ambiente mais resoluto e cuidadoso. No entanto, o oposto também é verdadeiro: na ausência de membros dinâmicos, é menos provável que se obtenha um resultado positivo;

• Na ausência de um mandato legítimo ou de uma parceria estruturada com os organismos estatais responsáveis pela aplicação da lei ou com o sistema judicial formal, o "medo" inspirado no infrator pelo Nari Adalat é de curta duração. Embora a grande pressão exercida por um Nari Adalat ativo signifique que o infrator cumpra as suas obrigações, existe a perceção de que esse cumprimento é com um grupo social e não com uma instituição ou sistema, e não é necessariamente sustentável.

No ato de balanço entre ser "justo" e ser "correto", os Nari Adalats, contudo, também podem vacilar. O seu conhecimento relativamente fraco das leis, disposições legais e procedimentos, juntamente com deslizes inconscientes para formas patriarcais de julgar e ver - ambos evidentes durante o estudo - podem torná-los vulneráveis às mesmas falhas que o Gynati Panchayat e o sistema de justiça formal.

15.3. Um mecanismo alternativo de distribuição de justiça?
Trazer a teoria para a prática

Os Nari Adalats, na opinião dos seus membros, são um "espaço" institucionalizado e informal - em vez de um sistema - que não tem medo nem barreiras. Os membros orgulham-se da sua subjetividade e não pretendem ser objectivos; concentram-se exclusivamente nos direitos das mulheres e não pretendem compreender os direitos humanos sem os direitos das mulheres. Estão empenhados em trazer os actos de violência doméstica e de abuso de género para a esfera pública, em resolver situações de violência e em retirar as mulheres de circunstâncias violentas. Não existem como um fórum de conciliação pré-contencioso para reduzir a carga de trabalho dos tribunais formais. As associações realizam a conciliação, em parte, porque acreditam na restauração dos direitos das mulheres no contexto da sua vida conjugal e, em parte, porque acreditam que, na ausência de direitos de propriedade copartilhados, o facto de uma mulher maltratada se afastar do lar conjugal torna-a igualmente vulnerável no lar natal.

No entanto, deve ser dito aqui que, para os Nari Adalats serem aceites como uma instituição paralela e manterem os seus valores, abordagem e métodos, necessitam de um mandato institucional autorizado - atualmente são vistos como sendo demasiado informais e 'voluntários'. Precisam de desenvolver uma forma mais padronizada de documentar registos e provas. Precisam de uma compreensão mais abrangente e sistemática do sistema legal e judicial formal, bem como do enquadramento dos direitos humanos, de modo a envolverem-se noutras formas de prestação de justiça às mulheres. Finalmente, precisam de aprender formas de introduzir um debate público sobre justiça social baseado nos direitos e não apenas na reconciliação ou na responsabilidade.

É evidente que os Nari Adalats gostariam de evoluir e de ser aceites como um sistema complementar do sistema geral. No entanto, alguns dos

Os inconvenientes do conceito e do seu funcionamento devem ser abordados a um nível mais vasto. No entanto, alguns dos inconvenientes do conceito e do seu funcionamento acima referidos têm de ser resolvidos a um nível mais vasto antes de os Nari Adalats poderem ser integrados num quadro jurídico pluralista. É importante, no entanto, que os Nari Adalats não percam o seu carácter e se tornem um mecanismo descentralizado de prestação de justiça como os Lok Adalats. Além disso, tentar formalizar ou integrar o sistema Nari Adalat através dos conceitos ressuscitados mais recentemente de Gram Nyayalaya ou Nyaya Panchayats é correr o risco de os transformar em sistemas formais com costumes informais e locais - com toda a burocracia do primeiro e o "ad hocismo" do segundo.

Não devemos sacrificar os nossos espaços específicos num esforço para superar as nossas limitações e acabar por nos tornarmos um espaço mais neutro em termos de género com uma ilusão de maior influência! Não devemos sacrificar os direitos das mulheres no interesse maior dos "direitos humanos"!

Embora o principal mecanismo de prestação de justiça deva e deva considerar os direitos das mulheres como uma parte fundamental dos direitos humanos, é válida a ênfase dos Nari Adalats na interpretação dos direitos humanos através do que é facilmente aceite e compreendido no contexto das experiências quotidianas de abuso e violação das mulheres.

15.4. pluralismo jurídico e lei não oficial

O conceito de pluralismo jurídico é geralmente aceite como referindo-se a um sistema em que o Estado impõe diferentes corpos de direito para diferentes categorias de pessoas na população (cf. Merry 1988). A Índia tem um sistema deste tipo no domínio do direito da família, em que os cidadãos de cada um dos principais grupos religiosos são regidos por um código distinto de direito da família e as "leis consuetudinárias" de longa data que podem entrar em conflito com estas são também reconhecidas pelo Estado em determinadas condições. Mas as normas que orientam as decisões ou os acordos mediados por tribunais exclusivamente femininos não são oficialmente reconhecidas pelo Estado na mesma base que as anteriores.

Para compreender o lugar destas normas e valores no conceito, é útil a distinção de Griffiths (1986) entre as variedades "fraca" e "forte" do pluralismo jurídico. Ele utiliza este último termo para descrever a "situação empírica" na maioria das sociedades, onde coexistem muitas ordens jurídicas que não pertencem a um único "sistema" jurídico e, como tal, não estão sob a alçada direta do Estado e não são reconhecidas por este como tendo igual validade jurídica. Uma ideia semelhante, muito pertinente para compreender o lugar dos tribunais exclusivamente femininos no que respeita à noção de pluralismo jurídico, foi proposta por Vanderlinden, que fala de sociedades caracterizadas por "ordenamentos normativos pluralistas", em que os indivíduos estão "inseridos em redes sociais e compram individualmente nestes muitos fóruns normativos" (Dupret 2007, citando Vanderlinden 1989).

A discussão que precede sobre os tribunais femininos indianos - e os tribunais exclusivamente femininos, em particular - suscita uma série de questões, a primeira das quais é a de saber se é realmente adequado discutir estes organismos no quadro concetual do "pluralismo jurídico". A instituição é claramente - pelo menos na sua origem - uma instituição "não-estatal". Mas qual é a sua "jurisdição", para além daquela que reivindica para si própria sobre a generalidade das mulheres perturbadas e maltratadas? É o sistema judicial do Estado que tem uma jurisdição legal abrangente sobre a maior parte das questões que levam essas mulheres a recorrer aos tribunais allwoman. Mas como os tribunais oficiais são de difícil acesso e insatisfatórios, tanto em termos de métodos como de resultados - na perspetiva da maioria das suas potenciais clientes - os tribunais só para mulheres são muitas vezes o local preferido, pelo menos nas fases iniciais da procura de uma solução para os problemas conjugais de uma mulher em dificuldades.

CAPÍTULO 16

16 Conclusão

Apesar destas diferenças, as interpretações comuns de equidade de género que emergem da literatura dizem respeito ao tratamento justo de mulheres e homens, em que a equidade é avaliada com base em resultados substantivos e não com base numa noção de igualdade formal que utiliza um padrão implícito de "igualdade".

A justiça de género inclui elementos únicos que ultrapassam os conceitos de justiça relacionados com a classe ou a raça, o que complica tanto a sua definição como a sua aplicação. Em primeiro lugar, as mulheres não podem ser identificadas como um grupo coerente juntamente com outros conjuntos de pessoas sem poder, como as minorias étnicas ou os imigrantes socialmente excluídos. O género é transversal a estas e a todas as outras categorias sociais, produzindo diferenças de interesses - e concepções de justiça - entre as mulheres. Em segundo lugar, ao contrário de qualquer outro grupo social, as relações entre mulheres e homens na família e na comunidade são um local fundamental de injustiça específica do género, pelo que qualquer estratégia para promover a justiça de género deve centrar-se nas relações de poder no contexto doméstico ou "privado". Em terceiro lugar, as mentalidades patriarcais e as relações sociais que são produzidas na esfera privada não estão aí contidas, mas infundem a maioria das instituições económicas, sociais e políticas. De facto, o termo "justiça de género" é uma chamada de atenção direta para este problema de preconceito institucionalizado, lembrando-nos que a própria justiça, na sua conceção e administração, é muitas vezes marcada pelo género, respondendo a um padrão patriarcal derivado da arena doméstica.

Desde há muito tempo que as mulheres são um dos sectores mais oprimidos e mais desfavorecidos da sociedade, porque a nossa sociedade humana, no seu conjunto, é uma sociedade dominada pelos homens, independentemente das diferentes localizações geográficas. Durante séculos, esta sociedade dominada pelos homens, tirando partido da fraqueza física e das diferenças biológicas das mulheres, espalhou a ideia de que o lugar mais seguro para as mulheres é na cozinha e que elas não são sérias nem aptas para o trabalho fora de casa.

Esta ideia errada sobre a participação das mulheres nos assuntos da sociedade tem vindo a diminuir gradualmente desde as últimas décadas e o poder e o potencial das mulheres vêm à tona em muitas actividades, seja na política, no desporto ou em questões sociais. A fim de eliminar estas atrocidades contra as mulheres e permitir que estas participem nos assuntos da sociedade, é necessário começar por eliminar a ideia de que as mulheres não têm outra alternativa senão depender dos homens.

A estrutura e o funcionamento de alguns destes tribunais de mulheres, com base em duas décadas de observações etnográficas e entrevistas nesses locais, bem como no trabalho de outros académicos que estudaram organismos semelhantes de forma mais

68

intensiva do que eu. Destaca algumas das caraterísticas únicas destes "tribunais", mostra por que razão são o fórum de eleição para tantas mulheres pobres e pergunta até que ponto são eficazes na prestação de justiça àquelas que os procuram em busca de ajuda.

Uma diferença muito importante entre estes organismos e os tribunais estatais é que, na maioria dos casos, o objetivo dos primeiros não é fazer com que as mulheres que os procuram obtenham os "direitos" a que têm direito ao abrigo dos princípios dos direitos humanos ou mesmo da legislação indiana. O seu objetivo declarado é desativar a hostilidade que se desenvolveu entre as partes em litígio - geralmente um casal - e encontrar uma solução de compromisso que lhes permita continuar a viver juntos em relativa paz. Proporcionam uma forma alternativa - que consideram ser uma forma melhor - de mediar litígios conjugais, fora do sistema jurídico formal, oferecendo às mulheres aquilo a que chamam "justiça social", em vez da "justiça legal" dispensada pelos tribunais estatais. Naturalmente, reconhecem que as mulheres que as procuram, incluindo aquelas que convenceram a chegar a um acordo de compromisso, não estão impedidas de recorrer a um tribunal civil ou de apresentar uma queixa formal de crueldade à polícia numa data posterior, em especial se o acordo estabelecido pelos mediadores de pares se revelar impraticável ou insustentável a longo prazo.

O objetivo mais amplo da maioria destas ONGs é o de promover a igualdade de género na sociedade em geral, para eliminar as normas e valores 'patriarcais' dominantes que mantêm as mulheres numa posição subordinada e as impedem de aceder plenamente aos direitos a que têm direito ao abrigo da Constituição e das leis do país. Um dos principais factores de motivação para aqueles que originalmente conceberam a noção de um fórum de resolução de disputas só para mulheres foi a sua convicção de que tanto os órgãos do estado encarregados de punir os crimes e de fazer justiça, como os organismos não estatais de resolução de disputas, como os conselhos de castas e de comunidades, estão tão enredados no sistema 'patriarcal' existente de valores e pressupostos sobre os papéis apropriados de cada género no casamento e na família, que são incapazes (ou não querem) fazer verdadeira justiça às mulheres que se lhes apresentam. Mas será que estes tribunais exclusivamente femininos patrocinados por ONGs, apesar dos seus objectivos elevados, são igualmente incapazes de se libertarem dos pressupostos da cultura em que vivem e, como resultado, reproduzem involuntariamente as mesmas estruturas que, em teoria, pretendem destruir?

Uma das caraterísticas mais positivas da abordagem do tribunal só de mulheres - tal como os seus defensores a vêem - é o facto de os mediadores pares serem capazes de sugerir soluções baseadas nas realidades das vidas das mulheres, tendo em conta o contexto social e cultural em que vivem. No entanto, como referi acima, alguns dos que observaram em primeira mão o funcionamento destes organismos sugeriram que as mulheres que presidem a estes tribunais, apesar das suas origens geralmente de classe baixa, muitas vezes abraçam - ou gradualmente acabam por abraçar - a ideologia da classe média do casamento monogâmico e arranjado - que é exatamente a mesma ideologia que orienta a tomada de decisões da maioria dos panchayats de casta dirigidos por homens e também dos tribunais estatais. Apesar de divergir bastante das realidades da vida quotidiana da maioria das mulheres neste estrato da sociedade, nesta forma de pensar, o homem é o ganha-pão/provedor e a mulher a dona de casa obediente e que fica em casa. É evidente que um compromisso demasiado forte com este tipo de ideal tradicional, segundo o qual o único lugar adequado para a mulher é dentro de um casamento monogâmico, pode impedir os mediadores de encontrarem formas de ajudar uma vítima de violência doméstica a sair definitivamente de uma relação conjugal intoleravelmente conflituosa, a encontrar uma base económica sólida e a recomeçar a sua vida.

CAPÍTULO 17

17 Referências

1) A.S.Anand, *Justice For Women (Concerns And Expressions),* v (2002).

2) . AvinashGadhre,Print Article : The Socio-Economic Status of Women in India(lst Sept,2015, 10:57p.m.), http://www.legalservicesindia.com/article/_print.php?art_id=1 867.

3) ApamaBasu, (1 de setembro de 2015, 12:45 p.m.), http://gpsctaiyari.com/Books/ aoxbulikuuobapli4nnwcx 20Indian%20Women%E2%80 %99s%20Movement.pdf

4) Lista alfabética - Actos centrais, Código da Índia (2 de setembro de 2015,6:18 a.m.),http://indiacode.nic.in/incodis/alpha.htm Supra nota 3. AIR 1972 All 305

5) AIR 1987 SC 1281

6) AIR 1995 SC 1648

7) AIR 2005 SC 2540

8) Abregu, M. 2001. Barricadas ou Obstáculos. Os desafios do acesso à justiça

9) Um estudo do Banco Mundial concluiu que, no Quénia, uma reivindicação de terra num caso de herança através de sistemas legais formais pode custar até 780 dólares

10) AIR 1984 SC 1099, 1984 (2) Crimes 511 SC, 1984 LablC 851, 1984 (1) SCALE 874, (1984) 3 SCC 243 48.) 1982 AIR 879, 1982 SCR (3) 29 49.) 1987 AIR 2049, 1987 SCR (3)714

11) Bakshi, P.M. (2006), The Constitution of India", Universal Law Publishing Co. Pvt. Ltd., Delhi.

12) Basu Durga Das(2001)," Introduction to the Constitution of India, 19 edition 2001 , Wadhwa and Company Law Publisher 2001, New Delhi.

13) Chiongson, R.A. e outros, 2011. O Estado de direito e a justiça para alcançar a igualdade de género. Relatório sobre o Desenvolvimento Mundial 2012. Documento de referência.

14) Crenshaw, Kimberle (1995): "Mapping the Margins: Intersectionality, Identity Politics, and Violence Against Women". In: Dan Danielson/Karen Engle (Hg.): After Identity: A Reader in Law and Culture. Nova Iorque: 332-54. Eisenberg, Avigail/Spinner-Halev, Jeff (2005) (eds.): Minorities within Minorities. Equality, Rights and Diversity. Cambridge: Cambridge UP Goetz, Anne Marie (2007): "Gender Justice, Citizenship and Entitlements: Core Concepts, Central Debates and New Diretions for Research". In: Maitrayee Mukhopadhyay e Navsharan Singh (eds.): Gender Justice, Citizenship, and Development. Nova Deli: Zubaan.

16) Chaterjee Mohini (2004), "Feminism and Women's Human Rights", Aavishkar Publishers, Índia.

17) Chaterjee Mohini (2005), "Feminism and Gender Equality", Aavishkar Publishers, Índia.

18) Comissão de Deli para os mandatos das mulheres.

19) Lei de prevenção da violência doméstica de 2005.

20) O Alcorão diz que os homens podem bater nas suas mulheres? (1 de setembro de 2015, 22:46), www.answeringmuslims.com/.../does-quran-say-men-can-beat-their-wive..

21) DrRajendra Prasad, DrRajendra Prasad: Correspondência e Documentos Selecionados : Período da Presidência (2nd setembro,2015, 5:57a.m.),

22) Dr. B.R. Ambedkar, Dr. BR Ambedkar Castes in India Their Mechanism, Genesis,SCRIBD, (2 de setembro de 2015, 5h45),

23) Primeiro dia na Assembleia Constituinte, Parlamento Indiano, (1 de setembro de 2015, 12:05 p.m.), http://parliamentofindia.nic.in/ls/debates/facts.htm

24) Four Famous Female Figures in Vedic India, ABOUT RELIGION (1 de setembro, 1 da manhã),http://hinduism.about.eom/od/history/a/ghosha_lopamudra_maitreyi_gargi.ht t 25) Flavia Agnes, (2005), "Law and Gender Inequality: The Politics of women rights in India, pg. 113-130 in Mala Khullar (ed.), "Writing the Women's Movement : A Reader, Zubaan, Delhi

26) Por exemplo, na Suazilândia ou na República Democrática do Congo.

27) Por exemplo, algumas leis fundiárias legais reconhecem os direitos fundiários consuetudinários existentes (por exemplo, Moçambique, África do Sul, Uganda e Tanzânia). Nalguns países, as leis estatutárias reconheceram o domínio geográfico e o âmbito político do sistema judicial consuetudinário e os organismos de resolução de litígios consuetudinários estão integrados no organismo formal (ver: Banco Mundial/FAO/IFAD, 2010. Cit., Módulo 4)

28) FAO, 2005. Compêndio de estudos nacionais sobre género e terra.

29) FAO, 2010. Dimensões de género do emprego agrícola e rural: Differentiated pathways out of poverty, http://www.fao.org/docrep/013/il638e/ il638e.pdf

30) https://www.scribd.com/doc/209776841/Dr-B-R-Ambedkar-Castes-in-India-Their- Mechanism- Genesis-and-Development-1916 RatneshKatulkar, Dr Ambedkar on woman liberation, (2nd sept,2015, 5:50 a.m.), http://w ww.countercurrents .org/katulkar310808.htm.

31) https://books.google.co.in/books?id=lRKq0J6PiCEC&pg=PA530&lpg=PA530 &d   q=rajendra+prasad+on+   wome&source=bl&ots=PgPo7J   VFe&sig= KwikEtDquONn   O6p7H-ZvAQ9FLo&hl=pt&sa=X&ved= 0CDAQ6AEwBWoVChMItMTN7   OrdxwIVDxmOCh0UDwKt#v   =nepage&q= rajendra% 20prasad%20on% 20women&f =false

32) Lei das Sucessões Hindus, 1956.

33) Ibid.

34) Kurian Jose, Legal, New and Views journal, "Towards Protection of Women from Domestic Violence" (Para a proteção das mulheres contra a violência doméstica),

janeiro de 2006.

35) Kumar Radha (1993), "Introduction and Conclusion pg.191-196 in History of Doing: An illustrated account of movement for women's rights and feminism in India, 1800-1990, kali for women, Delhi.

36) Kahol Yudhistar, "The Dowry Menance", em "Violence Against women", Reference press, Nova Deli, 2003.

37) Linda Heaphy, Life in India: The Practice of Sati or Widow Burning (1 de setembro, 12:11 p.m.),http://www.kashgar.com.au/articles/life-in-india-the-practice-of-sati-or- widow-buming.

38) Meenu Agrawal, *Women Empowerment And Globalization (A Modem Perspective),* 160 (2009).

39) Mais informações sobre o emprego rural digno estão disponíveis no sítio web conjunto FAO-OIT: http://www.fao-ilo.org/

40) Mandates United Nations and the advancement of women 1945-1996, ONU Nova Iorque (1996). Declaração Universal dos Direitos do Homem de 1948.

41) Misra, Preeti, 'Domestic Violence Against Women: Legal Control and Judicial Responses, 'Concept of Violence Against Women'. Deep and Deep Publication Pvt. Ltd., 2006.

42) Mamta Rao, Law Relating to Women and Children (Eastern Book Company, Lucknow, 3.ª edição, 2010).

43) Narendra Prasad, Mulheres e Desenvolvimento (1 de setembro, 12:28 p.m.),https://books.google.com.pk/books?isbn=8131300749

44) Comissão nacional para as mulheres

45) P.M. BAKSHI, THE CONSTITUTION OF INDIA, Pg-31, (Universal Law Publication, Nova Deli, Índia, 11th Edition, 2011).

46) Preeti, Domestic Violence Against Women: Legal Control and Judicial Responses, 'Concept of Violence against women', Deep and Deep Publication Pvt. Ltd. 2006.

47) RamachandraGuha, Towards A Gender Sensitive Civil Code-Hindustan Times (2 de setembro de 2015, 14h45), http://ramachandraguha.in/archives/towards-a- gender-sensitive-civil-code2.html.

48) Nota 3 supra.

49) Supra Note 6

50) Supra Note6

51) Nota 12 supra

52) Nota 14 supra

53) Nota 19 supra,

54) Nota 19 supra,

55) Nota 19 supra,

56) Nota 19 supra,

57) Nota 19 supra,

58) Nota 19 supra,

59) Nota 19 supra,

60) S.N. MISRA, Labour and Industrial Laws, Central Law Publications, Edição 25 de 2009, Reimpressão 2010 > Govt, of India, Indian Labour Year Book 2003 - 2004.

61) Sarkar, Lokita (2005), "Constitutional Guarantees: The Unequal Sex, pg. 102-113 in Mala Khullar (ed.), Writing the Women's Movement: A Reader , Zubaan, Delhi

62) Sarode Rama, Legal News and Views journal, 'Ensuring Justice for the Victims of Violence against Women' julho de 2006, p - 4.

63) Seth, Leila, Um Código Civil uniforme: Towards Gender Justice", India International Center Quarterly, junho-agosto de 2005, vol. No.2, pp.41-54 (Uma palestra proferida na CII em 4 de janeiro de 2005 como palestra memorial do centenário de Smt. Renuka)

64) Suneetha, Vasudha Nagraj, 'A Difficult Match, Women Actions and Legal Institutions in the Face of Domestic Violence',Economic and Political Weekly October 14, 2006, p - 4355.

65) Essa legislação deve também estar em conformidade com a Declaração da OIT e com os Princípios e Direitos Fundamentais no Trabalho, e pôr em prática o conceito da Agenda do Trabalho Digno da OIT.

66) The Times of India, jornal, "A lei é boa, mas será implementada? Sexta-feira, 27 de outubro de 2006.

67) The Times of India, jornal, "A Ray of Hope", terça-feira, 21 de novembro de 2006.

68) Jornal The Hindu, "A progressive Act", quinta-feira, 26 de outubro de 2006.

69) Isto deve-se ao facto de a propriedade da terra ou de diferentes bens (por exemplo, gado) ser um critério frequente para a adesão; outras barreiras incluem o aumento da carga de trabalho devido ao papel e às responsabilidades tanto produtivas como reprodutivas das mulheres, o analfabetismo, etc.

70) UNRISD. 2010. Desigualdades de género em casa e no mercado

71) Universal's, 'The Protection of Women from Domestic Violence Act 2005', Bare Act with Short Notes 2007

72) Universal's, 'The Protection of Women from Domestic Violence Act 2005', Bare Act with Short Notes 2007

73) Vijay Pal Singh, *Gender Justice In India,* disponível em http://www.legalserviceindia.com/articles/gen j ,htm

74) Mulheres na Índia - Wikipédia, a enciclopédia livre(lst Sept, 2015, 11 p.m.),https://en.wikipedia.org/wiki/Women_in_India.

75) 73rd e 74th lei de alteração de 1992.

76) 1979 AIR 1868,1980 SCR (1) 668

77) 1954 AR 321,1954 SCR 930 1979 AR 1868,1980 SCR (1) 668

78) 1990 AIR 1412,1990 SCR (2) 861

79))1993 Supp. (4) SCC 439

80) 1998 (1) ALD 810, 1998 (1) ALD Cri 298, 1998 (1) ALT 329 92). Eve S. Buzawa
e Carl G. Buzawa, Domestic Violence 'The Criminal Justice Response: Third Edition
'Defining and Measuring Domestic Violence and its Empact', Sage Publication 2003,
P-13

81) 1981 AIR 1829,1982 SCR (1) 438

82)1981 AIR 1829,1982 SCR (1) 438

83) 1982 AIR 879, 1982 SCR (3) 29 49.) 1987 AIR 2049,1987 SCR (3) 714

84) 1982 AIR 879, 1982 SCR (3) 29 49.) 1987 AIR 2049, 1987 SCR (3) 714

85) 1998 (1) ALD 810, 1998 (1) ALD Cri 298, 1998 (1) ALT 329

86) 1998 (1) ALD 810, 1998 (1) ALD Cri 298, 1998 (1) ALT 329 92). Eve S. Buzawa
e Carl G. Buzawa, Domestic Violence 'The Criminal Justice Response: Third Edition
'Defining and Measuring Domestic Violence and its Empact', Sage Publication 2003,
P-13

87) 1995 AIR 1648, 1995 SCC (4) 520

88) 2003 SCC (8) 440

89) 2004(102) FLR 207, 2004 (2) KLT 220, (2004) IIILLJ 106 Ker

90) 2009 S.L.P. (C) No. 17985

91) 2009 IV) MPJR 179 = AR 2010 MP 64

92) Nota 3 supra.

93) AIR 1972 Todos os 305

Pulidindi. Sowjanya Samuel é bolseira de investigação de doutoramento no Departamento de Sociologia e Trabalho Social da Universidade Acharya Nagaijuna, Guntur, Andhra Pradesh, Índia. As suas habilitações literárias incluem Mestrado em Serviço Social e Diploma em Aplicações Informáticas. Apresentou 21 comunicações em seminários e conferências internacionais e nacionais. Publicou 21 artigos em revistas internacionais e nacionais, participou em workshops sobre Statistical Package For Social Sciences Research, Scopus - Research Management and Publishing Tool, Research Methodology and Data Analysis - SPSS, Integral Economic Thought - Humanism, ICSSR Research Methodology Course. Anteriormente, trabalhou como Coordenadora Distrital de Programas, Responsável de Projectos, Responsável Administrativa e tem 15 anos de experiência no terreno. Como pessoa de recurso, deu TOT's em 32 fóruns sobre MGNREGA, Sakshara Bharath, Lei da Violência Doméstica, Lei do Direito à Informação, NPEGEL, Educação de Competências de Vida para Raparigas Adolescentes, Direitos da Criança, Educação de Género, Saúde Reprodutiva e Direitos, HTV7AIDS, Cancro da Mama, Panchayat Raj, Recursos Naturais, Direitos da Terra, Bio-Diversidade, Meios de Subsistência, etc. Ela tem competências-chave em;

- Apoiar a execução das actividades do projeto e desenvolver um mecanismo de acompanhamento da execução das actividades e orçamentos previstos; estabelecer uma coordenação eficaz com os institutos estatais.
- Realizar uma avaliação das necessidades de formação em áreas temáticas fundamentais relacionadas com a governação sensível ao género e apoiar a identificação de potenciais formandos a nível distrital e estatal.
- Apoiar o desenvolvimento das capacidades de módulos e a conceção e realização de módulos de formação sobre a liderança e a participação das mulheres na governação.
- Preparar relatórios para registar as principais questões, realizações e desafios das iniciativas de desenvolvimento de capacidades no âmbito do programa.
- Desenvolver parcerias com instituições, agências, peritos e profissionais de recursos a nível estatal/distrital sobre planeamento descentralizado.
- Contribuir para os diferentes produtos de conhecimento gerados no decurso do programa.

Perfil do Dr. Saraswati Raju Iyer

A Dra. Saraswati Raju Iyer é Coordenadora e Professora Assistente no Departamento de Sociologia e Trabalho Social e Coordenadora do Centro de Responsabilidade Social Comunitária da Universidade Acharya Nagaijuna, Guntur, Andhra Pradesh, Índia. As suas habilitações literárias incluem M.S.W., M.A. (Sociologia), N.E.T., S.L.E.T., I.P.C., C.I.G., Ph.D. e D.Litt. É também uma conselheira formada. Tem 20 anos de experiência de ensino de Educação Física. Visitou os Estados Unidos da América em abril de 2014 para apresentar uma comunicação numa conferência internacional; presidiu e apresentou uma comunicação numa conferência internacional no Nepal em novembro de 2012. Foi presidente de 17 seminários internacionais e nacionais; apresentou 108 comunicações em conferências internacionais e nacionais; deu sessões em 86 fóruns como pessoa de recurso e deu 12 entrevistas na rádio All India. She is a recipient of Best Student of P.G.College of Social Work Award, Best Youth Award, The Best Citizens of India Award, The 2000 Outstanding Intellectuals of the 21st Century Award, Best Research Paper Award, Rajiv Gandhi Excellence Award, Eminent Teacher Award, Women of Distinction Award, Adarsh Vidya Saraswati Rashtriya Puruskar, Pride India Shiromani Puraskar - Women of Excellence National Award, The Best Talent Award in Teaching Field, Outstanding Woman Educator and Scholar Award, Dr.Abdul Kalam Life Time Achievement National Award e conquistou um lugar no Legend Book of Records. Produziu 7 diplomas de doutoramento e 5 diplomas de mestrado. Como investigadora principal, concluiu o grande projeto de investigação patrocinado pela U.G.C. em 2011-2013. Atualmente, está a realizar um projeto de curta duração patrocinado pelo ICSSR. Editou 8 livros; serviu como revisora de revistas internacionais e nacionais; publicou 87 artigos em revistas internacionais e nacionais, foi autora de 64 capítulos em livros de referência e, como escritora de lições para o Centro de Educação à Distância, contribuiu com 138 lições. Como coordenadora do Centro de Responsabilidade Social Comunitária, organizou mais de 50 programas e alcançou cerca de 4.000 pessoas através de actividades de extensão e de sensibilização da comunidade. É membro de vários organismos e associações profissionais. Prestou serviços de consultoria a várias organizações nacionais e internacionais. É professora convidada na Escola de Planeamento e Arquitetura, Vijayawada; Faculdade de Arquitetura da Universidade Acharya Nagaijuna, Guntur e Instituto Nacional de Design, Vijayawada. Os seus interesses de investigação incluem aconselhamento psicológico, questões de género, VIH/SIDA, direitos da criança e deficiência.

yes I want morebooks!

Buy your books fast and straightforward online - at one of world's fastest growing online book stores! Environmentally sound due to Print-on-Demand technologies.

Buy your books online at
www.morebooks.shop

Compre os seus livros mais rápido e diretamente na internet, em uma das livrarias on-line com o maior crescimento no mundo! Produção que protege o meio ambiente através das tecnologias de impressão sob demanda.

Compre os seus livros on-line em
www.morebooks.shop

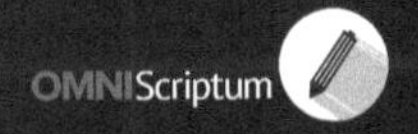

Printed by Books on Demand GmbH, Norderstedt / Germany